伊賀野カバ丸 外伝 2

CONTENTS

『伊賀野カバ丸　怒濤のイギリス留学編』…週刊マーガレット１９８４年８号から28号に掲載。

（この作品は１９８４年９月・10月、集英社より刊行されました。）

伊《い》賀《が》野《の》カバ丸《まる》
亜月 裕
怒濤のイギリス留学編

おどろきの朝は
とーとつに
やってきた……
えー
イギリスに
留学《りゅうがく》!?
カバ丸《まる》君が
ー!?

こちらがデビッド・ジョーンズさんですよ
カタン
ハッハウ ハウ オルダーユー …じゃない ハッ ハウ ワー ユー
ファッ… ファイン センキュー
オーイエ~ アッハ~~~ン ノワンキンムァ~~メ ブァノァノァ~
アントワグヮ トワ ドクォソワ~~~
(あんたがた どこさ)
ウイョアクィ フォブァ~ クットワクォトォ アルクワ ~~~!?
(ヤキソバ くったこと あるか~~!?)

……
こっ こんにちは みなさん
チッ なんでー 日本語《にほん》知ってんなら
わざわざエーゴしゃべることなかったな
ぶぁ ぼぉ
……
ホホ… デビッドさんのお父さまとは古いお知りあいでね デビッドさんはお父さまの会社の日本《にほん》支社《ししゃ》に時どきいらっしゃるので日本語はとてもおじょうずなのですよ
ねー
ねー
わあ ヒョーキンなおじさま
クス
それで日本《にほん》に滞在《たいざい》していらっしゃる時カバ丸《まる》君のうわさをお聞きになってね

こんど 母国《ぼこく》イギリスへ お帰りになるさい カバ丸《まる》君をいっしょに つれて ぜひロンドンの学校に 留学《りゅうがく》させたいと おっしゃるのよ
はい その判断力《はんだんりょく》 行動力《こうどうりょく》… おうわさを 耳にするたびに カバ丸《まる》君の すばらしさが 身《み》にしみました
わが ロンドン子 たちとともに 勉強して みなにすばらしい 影響《えいきょう》を あたえて ほしいのです
パクパク
パク
ヨオ
くそったり なんで やきそばが ねーんでい
←寮のコック
それに ロンドンなんて 遠いわ
せっかくだがよ おっちゃん おりゃあ この 日本《にほん》が気に いってるんでい

ロンドンだか ドンドン焼だか しんねーが なにも ギャー(外)国までいって 学校で お勉強が できるかよ
くそったり 麻衣《まい》もいねーのによ
ましてや おれは今 修行《しゅぎょう》の身《み》 きびしいじいちゃんが ゆるしてくれる わけもねエ
まあ そういう ことだ あきらめて くんな
カバ丸《まる》君
じーん
さすが カバ丸《まる》君《くん》 だわ
そうですか… わかりました
ザンネンです カバ丸《まる》君には ぜひ わが伝統《でんとう》ある イギリス料理を ぞんぶんに食べて もらいたかったの ですが…

キリギリス料理たあなんでい
………イギリス料理…
そうですねローストビーフヨークシャープディング生《なま》ガキにフィッシュ アンドチップスそして数《かず》かずの肉料理……
ばあちゃんなっなっっいってもいいだろドンドン焼《やき》のキリギリスによお
やはし…
どうでしょうすこしの間遊びにいらっしゃるというのは…留学《りゅうがく》をきめるのはそれからでもよいのです
おばあさまわたしもいきたいわカバ丸《まる》君ひとりじゃ心配ですもの

ゴロゴロ
ばあちゃあぁん じいちゃんに たのんでくりよぉ たのんでくりよぉぉ
そうね
霧《きり》の都《みやこ》ロンドン……
蘭《らん》どの
才蔵《さいぞう》さま
キャ
ええ おたのみしましょう ともっっっ
注 デビッドの足 ↓

あれはなにをしているのですか
のろしを上げてるんです
のろし?
煙《けむり》の合図《あいず》ですあの煙《けむり》を見てカバ丸《まる》君のおじいさまがいらっしゃるんです
フフ カバ丸《まる》君のおじいさまっておばあさまの初恋《はつこい》の人なんですよ
ほー
とってもステキな人なんです
お呼《よ》びかな
Oh
わ〜〜っっっ

わかりました
おかげで やつめにも よい経験《けいけん》に なりましょう
ぴた
しかし
やつめのこと ひとりにしては どうはめを はずすやも しれません 目付役《めつけやく》が いりましょうな
お目付役《めつけやく》………
そうですわね…
どうです 蘭《らん》どの わしと ふたりで
素《す》顔《がお》の
ええ 才蔵《さいぞう》さま 霧《きり》の都《みやこ》で 恋の アバンチュール
ゴー…

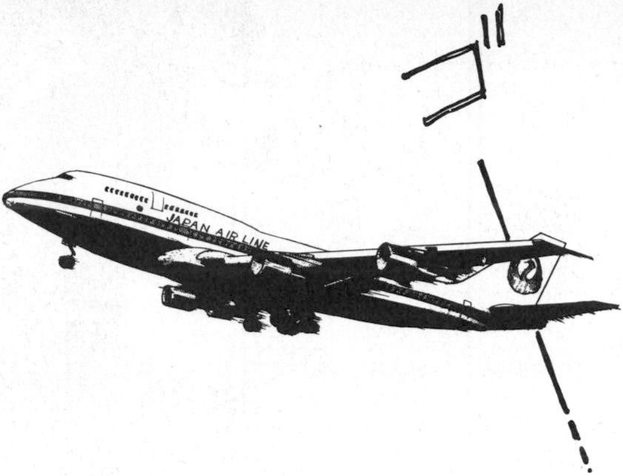
ゴー!!
JAPAN AIR LINE

いってらっしゃ〜〜い
ハタハタ
なんでこうなるの

いってしまったな
ええさびしくなりますわ
すぐにもどってきますよ
やれやれこれでとーぶん学院《がくいん》は静かになるなロンドンの諸君《しょくん》アーメン……
わたしならいざしらずサルがヨーロッパにいってなにする気かしら
いいわふたりがいなけりゃわが家《や》で恋のアバンチュールくそーーっつのろしガンガンぶち上げてやるっつ
ギャエエ〜
目がくらくらすんぜっっ
こっからじゃど優秀忍者《ゆうしゅうにんじゃ》のこのおれさまもちょいと飛《と》びおりんにゃ骨《はね》がおれそうだぜっっっ
ホホ…

大もりで
たのむぜっ
おきゃーー
りぃぃぃーーっっ
カ…
カバ丸《まる》君
わたしのをあげよう
プ
新聞
日の丸新聞

疾風《はやて》――
あいかわらず はずかしい やろーだな
ダダッ
申《もう》しわけございません お客さま お静《しず》かに 願《ねが》…
るせ―― よけいな お世話《せわ》でい てめーこそ
どっから わいて きやがったんだ このやろ
まあ じゃ おじいさまの いってらした カバ丸《まる》君の お目付役《めつけやく》って 疾風《はやて》さん
いやいやながらね
あんたのばさまに 服まで買ってもらっちゃったし
チッ
この足手《あしで》まといが
わかってんのか おまい これからいくのは 伊賀《いが》の山奥《やまおく》じゃ ねーんだぞ バーロ
おれのように エーゴっつーのが しゃべれねーと なーんにも 通《つう》じねーん だぞっっ
この方《かた》は ……
どうぞ お客さま お席に…

ペラペラ
ペラペラ
I apologize for not having introduced myself first, My name is Hayate-Kirino, now, I'm going to go with you at the request of President Okubo. I'm glad to see you.
注 申しおくれまして、このたび大久保院長にたのまれて同行することになった霧野疾風です
Oh! Me, too.
注 こっこちらこそ
What an excellent English!
注 なんてすばらしい英語!
カベ
カベ
カブ
カブ
なにかとお役《やく》にたちます
パーサーおさえて
お客さまお客さま
しずかにしてろってんだろ
英語《えいご》おじょうずなんですね
……
豪遊《ごうゆう》さんがよく海外《かいがい》につれていってくれたもんでね
……
ケッ

注 髪

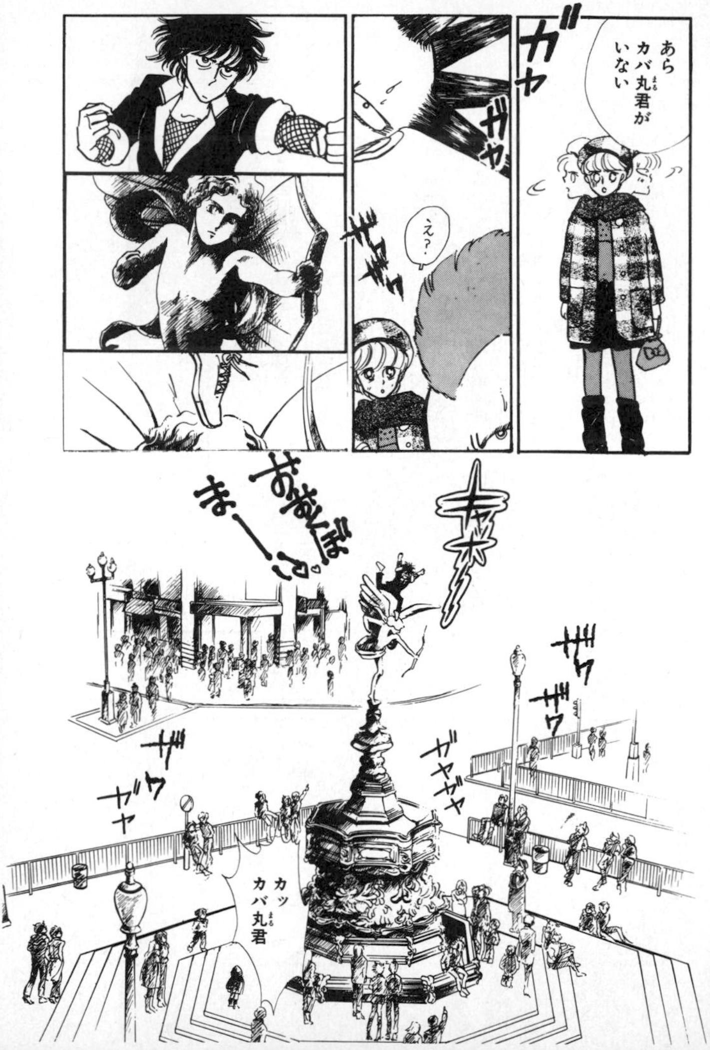
あら
カバ丸《まる》君が
いない
ガヤ
ガヤ
え?
キャホ
おおくぼ
まーっ♡
ザワ
ザワ
ガヤガヤ
ザワ
ガヤ
カッ
カバ丸《まる》君

しかし……まさか……
ガヤガヤ
ガヤ
いや…まちがいない
ワイワイ
なんでい、大久保麻衣
あん
ガヤガヤ
見うしなうな
どうしたのカバ丸《まる》君
だれかがずっとあとつけてきやがる

だれかが
あとを
つけてくる?
注 道々デビッドに買ってもらった食べ物
BATAS
ササ‥

おまえみたいなはずかしいカバザルがめずらしいからにきまってんだろ
やだやだ
なんだとーどはずかしいサルはてめーじゃねーかこのハゲザル!!!
どこがハゲてんだよこのやろ
まあまあ
でもあの人たちずっとあそこで見てるみたいほんとになにか用《よう》なのかしら
フィッシュ&チップス
（ポッケ）
ギャーー
やろーたちこの食いもんねらってやがんだ———っっ
……

だ…
だいじょーぶよ
カバ丸《まる》君
あっ
いない
あの人たち
品《ひん》が
よさそうだし
もっと別な
用《よう》だと思…
PINK & SUN LTD
しまった
フラ…
ダッ
ガクッ
カ…
カバ丸《まる》君が
食べもの
落としていく
なんて…

よつぽど あわてたのね やーねー だれも とつたり しないのに…
フフ
うそ
?
リンゴを 落としていった やつと おれたちが どういうかかわりが あるのかって いってる
カバ丸《まる》君と わたしたちが?

信《しん》じられねーおっさんだな
どうもカバ丸《まる》のことを自分とこのおぼっちゃんだと思いこんでるらしい
どういうこと…？
さあ居《い》所《どころ》を教えなさい
いくらかくしてもムダですぞ ゆうべからお戻《もど》りにならないアンソニーさまだというのはわかっておるのだ

うそ——っっカバ丸《まる》君にそっくし
ヒタヒタヒタ…

ヒタヒタヒタ
ビクッ!
おっ
と〰〰っっ
ドッカッ
スタ

いて〜〜

SOKKUSHI
てっ てめ――
なんの目的で
おれに化《ば》け
やがった――っっ
バババ
(イデデ)

なにをするんだこれは生まれつきのぼくの顔だ
きみのほうこそことわりもなくっっ
じろじろ
じろ
ハッ
ササ…
ハッ
まつ またおれの食いもんねらつてやがる
パク
パク
パクパク
そーはイカのくんせいでいつつ
パク
パク
パクパク
こういう顔にもなれるのか

っタく
ここの連中《れんちゅう》は ゆだんもスキも あったもんじゃ ねー どいつもこいつも 目の色変《か》え やがって
目… 目の色が ちがうのは みんな 生まれ つきさ
こ…こえ〜よー
高いの こわい…
それにしてもよ おまい なんで おれに 顔が そっくし なんでい
ひとつ年下
さ…さあね

↑注 カバに むりやり 木a上に登らされた アンソニー直人《なおと》

Possibly
(ひょっとしたら)
ずっと昔《むかし》の
ぼくらのAncestor《(先祖)》が
Twins《(双子)》だったのかも
しれない
アンセンバーがチューインガム?
おまい
日本《にほん》人?
前はね
今は
イギリス人《じん》
ヘェー
たいしたやつだな
見た目は
どー見たって
日本《にほん》人なのによ
ふふ
うふふ
なー!?
どうやって
なったんだ?
薬《くすり》でも
飲んだのか?
変化《へんげ》の術《じゅつ》か?
なー!?
本気なのか?

nationality
……つまり
国籍《こくせき》が
イギリスに
なったんだよ
6年前に
事故《じこ》で両親《りょうしん》が
なくなったあと
日本《にほん》に
身《み》よりのない
ぼくは
父が生前《せいぜん》親《した》しくしていた
親切《しんせつ》なイギリス人に
ひきとられたんだ
それで
この間 正式《せいしき》に
そこの養子《ようし》に
なったのさ
ふーん

今日はうちで
そのパーティーが
あるんだ
五回私立王玉学園
創立記念祭会場
パーティー
金玉優勝
ダラ
ダラ
ダラ
ダラ
……
ぼくはその
パーティーに
でたくないんだ
おれは
でたい
ダラ
ダラ

ダラダラ
ダラ
ダラダラ
カーム
たのむから おれの顔で そーゆー 表情《ひょうじょう》しないで くれ
ナムアミダ〜
鶴亀《つるかめ》
鶴亀《つるかめ》
どーして おんなじ 顔してくダラっっ
わーん
キミ そんなに パーティーに でたいなら ぼくのかわりに いってきたらどう

ほんとー
かーーっっ
わーーっっ
こわいよ〜〜
そのかわり ずっと ぼくで とおすんだぜ
今から いれかわるんだ ぼくが 伊賀野《いがの》 カバ丸《まる》で
いいともっっっ
キミが アンソニー・ナオト・グラッドフォース
よし 服《ふく》をとり かえよう

それにしても
なにも
こんなところで
着《き》がえ
なくっても
カ
ビク
スルスル
カ
あっ
それは
いいよ
バーロー
木の上が一番
人目に
つかねーんだぞ
だーれもみてねーよ
どくしゃ
どくしゃ
エッチ
H
グッド・ラック
アンソニー

チャッ
じゃーなー
カバ丸《まる》
人ちがい……
あっ
もし
しっかり
ヨロ…
よっぽど
大切《たいせつ》な
おぼっちゃま
なんだわ
それにしても
カバ丸《まる》君
どこに
いっちゃったの
かしら

FISH
あ…
カバ丸《まる》君
アンソニーさま

あれ？
学《がく》生《せい》服《ふく》着《き》てない
アンソニーさま
スッ

ズッ
チャッ
よおオ 大《お》久《く》保《ぼ》麻《ま》衣《い》♡
ホッ
カバ丸《まる》君だわ
アンソニーさまっっ
いったいどこにいってたの？
フフ…ちょっとな
それよか

このまとわりついてるおっちゃんいってーなんなんでい
命《いのち》おしくねーのかおっさん
アンソニーさま~~~
ゼ~ハ~ゼハ~
バーロー
おっ お忘《わす》れですか 執事《しつじ》の センチメンタルです
ペラペラペラ
お♡
オ~~~イエ~~~アッハ~~~ンノワンキンムァ~ムェ~~~アトワシィヤ~スイムエクイィ~ルイ~クォ~ウァ~イ~
(あたしゃ〆切こわい)
センチメートルさん人ちがい人ちがい
そっ そんな
!?

むっ…
虫歯《むしば》が
ない……
くそっはへ ひひい なにひや はんへー
くそったれじじい、なにしやがんでー
ア…
アンソニーさまは
ついこの間まで
歯《は》医《い》者《しゃ》通《がよ》いを
しておいでだった…
しかし
この服《ふく》は
たしかに
アンソニーさまのです
ずぇったい ずぇったい
カバ丸《まる》君
この服《ふく》は
いったい
どーしたんだね
おまえに
そっくしな
やつから
かっぱらったんじゃねーのか
ムッ
これは
おれんでい
だって
おれが
そのアン…
アンコロモチ
だもーん
ざけろよ
このやろ

なっ なにしやがんだ くそ疾風《はやて》やろー
正直《しょうじき》に いわねーか くそカバ！
ドコデ 手ニ入レタノ デスカ
カバ丸《まる》君 その服《ふく》を 着《き》ていた 少年を この人たちが おさがし なのだよ
うせーっっ
知らねーもんは 知らねーんだ
男と男の 約束《やくそく》！ たどん 無用《むよう》でい
カバ丸《まる》君 お願《ねが》い ほんとのこと 教えて
ペラペラ
……
30分ばかし前によ アンコロモチってー 顔のそっくしな やつにあってよ やつと服《ふく》とっかえて やつのかわりに おいしいパーティーに いくんでい
んでもってやつがカバ丸でおれがアンコロモチナット
ゲラゲラ笑って

やつの居場所《いばしょ》?
しらねー
Good Luck
そのままどっかにいっちまってい
今夜はたいせつなご養子《ようし》おひろめのパーティーなのに…
当《とう》のご本人がいないなどと…ご入籍《にゅうせき》のことでご苦労《くろう》なさり今日の日をだれよりも楽しみにしているだんなさまになんといったら…
おいちゃんおいちゃん
アンコロモチのひつじのカラシメンタイとかいうおいちゃん
はいくおれをアンコロモチのかわりにパーティーにつれてってくりよ
あ

NONRI
Beauty Parloer
この方《かた》のおぐしをこれと同じに
OK《オーケー》
神はお見すてにはならなかった
チョキ
チョキ
チョキ
さようこれもなにかのひきあわせカバ丸《まる》君はすばらしい少年です
きっとお役《やく》にたちますぞ
考えなおしたほうがいいんじゃねーかな
食いものにありつけると思って今はおとなしくしているが
やつが本性《ほんしょう》だしたら百騒《ひゃくそう》動《どう》起《お》きるぜ
否定《ひてい》できない…

おまち
どー
できあがり
へへ
SOKKUSHI
キャーッ
でも
なんだか
とつても
ステキな
旅行に
なりそう
カバ丸《まる》君つて
ハンサム
だつたんだあ
……
これさえ
なけりゃ…
ガツガツ
不安に
なりません？

お♡
わあ サファリパーク

こういう場所
かってに
横切《よこぎ》っても
だいじょうぶ
なんですかあ
ハイ
モウ
ダイブ前カラ
当家《とうけ》ノ
敷地内《しきちない》
ハイッテマス
うそお
ビク
うそお
2年前
オ庭《にわ》ノ一部
サファリパークニシテ
一般《いっぱん》ノ人ニ開放《かいほう》
シテマスデス
と
申《もう》され
ますと
ご当主《とうしゅ》は…
ハイ
フィリップ・F《エフ》・
グラッド
フォース
伯爵《はくしゃく》サマ
デス
㊟まねっこしてるカバ
あの
伯爵《はくしゃく》
うそお
すばらしい
おまかせください
カバ丸《まる》君なら
この大役《たいやく》きっと
みごと
はたせましょうぞ
うまそーな
ライオンだな
……
……

なに
戻《もど》ったか
イイデスネ ユウベハ アナタ方《がた》ニ オ世話《せわ》ニ ナッタ
アンコロモチ ！！！ no no no
ア・ン・ソ・ニー イイデスネ
アンソニー——

どこへいっておった
なにしやがるこのくそおやじっっ
ブヂュ
…アンソニ〜〜〜!?
おめェ大久保《おおくぼ》麻衣《まい》でもねーのによ

セ… センチ メンタル ……
はい それが だんなさま おぼっちゃまは きのう なにかの ショックをうけられ 今までの記憶《きおく》を すっかりなくされて いるのです
カバ丸《まる》君 あれは 単《たん》なる あいさつ なのよ
外国では あいさつがわりに みんな ああするのよ
ふーん 麻衣《まい》ってば もの知り だな
あ… でもこの間の わたしのは 意味《いみ》がちがうのよ
カァ
ですから だんなさまの お顔は もちろん
ご自分の こともすっかり お忘《わす》れになって…
それから 日本《にほん》語しか おわかりに なりません
あと ご自分の名前も 時どき おまちがえに
たとえばアンコロモチ…

医者《いしゃ》を
よべ——
ロンドンの
名医《めいい》という
名医《めいい》に
くまなく
不幸中《ふこうちゅう》の幸《さいわ》い
お体には異常《いじょう》なく
記憶《きおく》を
とり戻《もど》すには
静かに
時を待つ
ことだと…
アンソニー——

ゆうべ アンソニーさまが 街《まち》をさまよって いらっしゃるのを こちらの方《かた》がたに お世話《せわ》いただいたと いうことです
おお そうでしたか
いや ぶじ帰ってきて くれただけでも よかった
アリガトウ ゴザイマシタ
ヨロシカッタラ コノ屋敷《やしき》デ ユックリシテイッテ クダサイ
はい アンソニーさんの おかげんが よくなるまで
……

わあ
コーフン
お客さまが
いらしたわ
ブロロ
キキ
いいか
いやしいマネ
してみろ
すぐカバザルだって
ことがバレるん
だからな
チッ
おめーじゃ
あるめーし

つたく
おまえのせいで
とんだ災難《さいなん》
……
ザワザワ
すげ…
ム゜ー
女ばっか
ごきげんよう

…でもないか
ごきげんよう
アンソニー直人《なおと》

赤・青・むらさき…
すゲー顔…
わぁ 流《りゅう》ちょうな 日本語《にほんご》
まあ 事故《じこ》で 記憶《きおく》を なくされたって ほんとでしたの
婚約者《こんやくしゃ》の 顔をお忘《わす》れに なるなんて…

婚約者《こんやくしゃ》!?
ダッ
な なにを
なさるの
ローザ
〝候補《こうほ》〟を
お忘《わす》れに
なってよ
おねえさま

婚約者《こんやくしゃ》候補《こうは》……
ええー あの女の人 ぜんぶ 婚約者《こんやくしゃ》候補《こうは》――!?

ところで コンニャク者《しゃ》 ゴボーって なんでい
これから いいなずけに なる人よ
……
いい菜《な》 漬《づ》け？
タッ
なにーー あいつらが ぜんぶーー!?
ぬなーー おれと結婚《けっこん》を 約束《やくそく》ーー!?
冗談《じょうだん》じゃ ねーぜ 大久保麻衣《おおくぼまい》と だって して ねーのによーっっ
まいったなーっっ

なーーっっ
なにしやがんでーくそ疾風《はやて》ーー
カバ丸《まる》君アッ アンソニー変化《へんげ》アンソニー変化《へんげ》ー
おっ
ザワ ザワ
ふっ
そうか これは アンコロモチの やつの身《み》の上の ことだったな
そのくれー おれにだって わかってらー

みていろ 忍法《にんぽう》アンコロモチ変化《へんげ》でいっつ
アンソニー
ワタシのコトも忘《わす》れてしまったなんてヒドいわ
ワタシ ウォールドン家の末娘《すえむすめ》のローザよ ロザリン・ウォールドン
ああ
おうどん家のギョーザさんでしたか
失礼《しつれい》 なにぶんカベに頭をなぐられてから
どーも昔《むかし》のことがパッとしないもんで
年かな

一番上の
エリナです
ホホ…
まるで
初対面《しょたいめん》ね
そして
わたくしが
まん中の
一番美しい
モニカ・
ウォールドン
ですわん
くる
やあ
モナカ
おうどんさん

さあ
それより
ファルァフェ
トヮ――
あ…
つまり
エーゴで
腹《はら》へった
なんだか
いつもの
アンソニーと
ちがうみたい
さあ
きたまえ
食いに
いこう
そうね
いつもは
もっと
とりすました
感《かん》じなのに
どァァ
←(注)疲れる音と
流れる汗
たしかに
ちがうわ……
ドドタ!!

頭うって
性格《せいかく》も
変《か》わったのかも
しれないわ
ためして
みましょうよ
アンソニー
あ〜〜ん
あ〜〜ん
ビク
パックン
キャー
か…
かわったわ
ねェ
ムシャ
ムシャ

ちょっと まだ 食べる気？
なんだか かわりすぎ なんじゃない
まあ なによ カバ丸《まる》君つてば
いい気になつて デレデレ しちゃつて
パクーン パクン キャッ キャッ パクーン
かないませんわね あのウォールドン家 姉妹《しまい》には
ほんとに…

この春 18番目の ウォールドン・ホテルが ロンドンに建《た》つのを ごぞんじ？
それで こんどは 娘《むすめ》を使って 爵位《しゃくい》をねらってるって うわさで ございましてよ
このたびは おめでとう ございます 伯爵《はくしゃく》
おお ウォールドン さん
それにくらべて ほら あそこの ロバート・デスモンドさん
れっきとした グラッドフォース家の 縁者《えんじゃ》だそうで 爵位《しゃくい》は自分の 息子《むすこ》が継《つ》ぐものと 信《しん》じてたそうですわ
もっともうわさでは デスモンドさん どうも身《み》もちが よくないとか…
くそ――

遠縁《とおえん》とはいえ
われわれのような
親類《しんるい》をさしおいて
あんな他国者《よそもの》を
養子《ようし》にするなど…
わたしにだって
りっぱな息子《むすこ》が
おるのだ
デレクや
心配するで
ないぞ
なーに まだ
あきらめるのは
早い

え
失礼《しつれい》
踊《おど》って
いただけ
ませんか
ダッダンス〜〜〜!?
えーそんなー
だっだめですー
え…と
アイアイ
アーイキャン
キャン
キャ〜〜ン♡
ペチ
ペチ

キャ!
ホホホ
よろこんでっっ
ビク
ぐい

ミス・マイ・オオクボ
あなたたちが
アンソニーを
助《たす》けてくれた
そうですね
ペラ
ペラ
やさしい方《かた》
ですね
ペラ
ペラ
?
?
え～
はぁ…
マイ……
ひと目見た
時から
ぼくは……
ブチュ♡

わーっっっ
なんのまねだ
おいかってに大《おお》久《く》保《ぼ》麻《ま》衣《い》と踊《おど》んじゃねーべったしくっつきゃーがって
チッどいつもこいつものたくたのたくた踊《おど》りゃーがって
注 カバ丸
おいちゃん♡こういうのやってくりよ
ラーラララ ラララ ラ〜

あっ この曲は
Swan《はくちょうの》 Lake《みずうみ》
カッ
カバ丸《まる》君
ザワッ
スタ!

おねえさま
アンソニーって
どちらかといえば
暗いイメージ
だったと思いませんこと
……
そうね
ローザに対抗《たいこう》して
からかい半分で
候補者《こうほしゃ》ごっこ
やってたけど
ふふ
気にいったわ
ARAESSASA
ペラペラ
でも
あの
マイっていう
日本《にっぽん》人の子と
ずいぶん
仲《なか》いいみたいよ
なに
いってんの
あの子まだ
小学生じゃない
ペラペラ
?

しーん…
注 レバー→バレエのこと
この
くそカバ
なんてこと
しやがんだっっ
注 声なし会話
うるせー
どぐそハゲ
アンコロモチだって
レバー踊《おど》るかも
しんねーじゃねーか
国際《こくさい》問題に
発展《はってん》したら
どうしよう…
エゲレスの
おれきれきの
前であんな
姿で…
おまい
みたいに
踊《おど》るかっっ
アッ アンソニー
アンソニー
スバラシイ
ぞっっ
ミー《(わたし)》は
うれしい
ダディー!♡
ひっこみ
思案《じあん》の
おまえの
性格《せいかく》だけが
心配《しんぱい》だった
んだよ
ブラボー
ブラボー
わたしは
ロイヤル
バレエスクール
の者ですが
ぜひご子息《しそく》を
へへん
ホー
エゲレス人って
とっても
好きになれそう

アンソニー 週末《しゅうまつ》あけは 学校へ いらっしゃる でしょ?
楽しみに してるわ
いいともっっ
ごきげんよう とても 楽しゅう ございましたわ
また 近いうちに
ブロロロロ。。
チャッ
あの… 学校って ……
バムッ
ブロロロ。。
パパッ
ええ〜っっ うそおっっ
あの3人 まだ高校生 なんですか ——っっ!?
16才
15才
14才
としご なのサ
アセリ
㊟17に近い 16才
ええ〜 うそおっっ

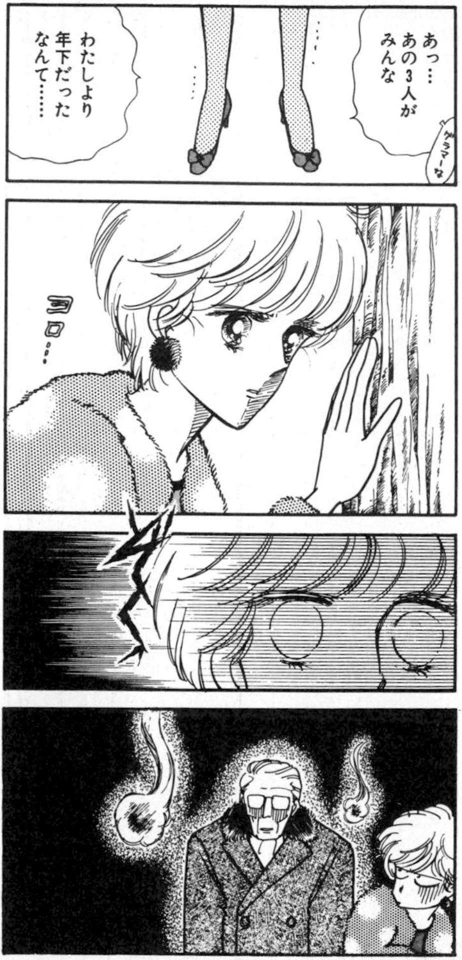
あっ…
あの3人が
みんな
グラマーな
……
……
わたしより
年下だった
なんて……
ヨロ…

伯爵《はくしゃく》
今宵《こよい》は わたしどものような者まで お招《まね》きいただき ありがとうございました
ああ… ロバートか
ひく
では アンソニーさま ごきげんよう
ぶ゛ぶ゛ぶ゛んんん
オー イエ〜〜 ノワンキン ムアームエ〜〜
なるほど そうとうなショックを うけられたようですな
まるで 人がちがったようだ
ぴくーーん
センチメンタル

お休みなさい伯爵《はくしゃく》
おおこれはミセスフレッチャー
バイバイバーちゃん
どうぞお気をつけて
デレクいくぞ
Good-night《グンナイ》! マイ
あ
ぐっ
ぐんないとっっ
なんだか暗くてこわそーなおじさま……

うらん でんだろ
血筋《ちすじ》からいって ほんとは あのおっさんの 息子《むすこ》が 伯爵家《はくしゃくけ》を 継《つ》ぐはずだった
って おばさん 連中《れんちゅう》が うわさ してたぜ
ふーーん
いろいろ あるんだ……

全《ぜん》寮《りょう》制《せい》の学校!?
し――
し――
ダンナ様目サマシマス
グゴー
ガゴー
ホ
安心されたのだろう ぐっすりおやすみだ
ホ
でっでも センチメートルさん カバ丸《まる》君に 寮生活《りょうせいかつ》なんて とても無理《むり》だと 思いますわ
……センチメンタルです

ダイジョブデス お願《ねが》いしマス アノように 信《しん》じてる ダンナ様のタメにも
モウすこしの間 アンソニー様で イテもらいたいデス
ドウカ ドウカ
お願《ねが》い しマス
どうして わざわざ 日本《にっぽん》人を 養子《ようし》に したんです

ダンナ様にはアンソニー様というホントウのお子様ゴザイマシタデス
奥様はアンソニー様がお小サイ時他界《たかい》され
アトはズットおふたりでお暮《く》らしデシタ
ドテ
アハ…

ソノころ 日本《にっぽん》にタイヘン 興味《きょうみ》をおもちの ダンナ様は 日本《にっぽん》人を招《まね》いて 日本語を 習《なら》うコトにしました
直人《なおと》サマノ オ父《とう》サマ デス
サイタ サイタ サクラガ サイタ
ハト マメ
パチ パチ
ヤガテ 伊影《いかげ》一家と
タイヘン 仲《なか》ヨク なられ
伊影《いかげ》直之進《なおのしん》です
あいさつ あいさつ
くぉん にちはっっ
いかげ なおと ですっっ

休暇《きゅうか》ナドは
ヨクごいっしょに
過《す》ごしてマシタ
ワシは
仕事《しごと》で
2～3日遅《おく》れるが
先にいって
楽しんでいなさい
アノ日も
夏休みを
ごいっしょにと
ダンナ様の
別荘《べっそう》へ
いく途中《とちゅう》
デシタ…

奇跡的《きせきてき》に 車の外に ナゲだされた 直人《なおと》様ダケが 助《たす》かったのデス
そういえば そんなことが……
ダンナ様は ソレ以来《いらい》 身寄《みよ》りのナイ 直人《なおと》様と ズットいっしょに お暮《く》らしにナッテ 今では直人《なおと》様を ホントーの アンソニー様と 思っているのデス
ソレに シテモ…

アンソニー 直人《なおと》様は いったいドコに いってしまったの ダロウ
ヤハリ フィアンセと うるさく いいスギたの だろうか
口にこそ お出しには ならなかったが 最近《さいきん》とみに ゆううつ そうにして おいでだった
チッ
心配すんなって ひつじの カラシメンタイ
……センチメンタル です……
とーぶん おれが アンコロモチに なってやるって
あれこれ あれこれ〜
ホントー ですかっっ
こうるせー じいちゃんも いねーし おりゃあ ずーっと このまま一生 アンコロモチでも かまわねーと 思ってるんでい
来週号から 題名は 『アンコロモチ・ナットー・グラタン酢』で いこーぜっ
カバ丸《まる》君

それによ
学校いくって
あいつらとも
約束《やくそく》しち
まったしよ
カァ
ピク
ぴく
アンソニー
あ〜〜〜ん
ふふ
デレ
デレ
デレ
あ〜〜〜ん
デレ
ズボ
デイ。。
ボスッ

モシャー
モシャ
モシャ
食ってる…
センチメートルさんっっっ
はっはい
……おっしゃるとおりワタシはセンチメートルです。
カバ丸《まる》君だけじゃ心配ですわそのセント汲《く》み取り屋スクールにわたしもいきますっっ
OH!
……聖《セント》ビクトリアスクール……
それはいい麻《ま》衣《い》がいっしょなら安心だ

伊賀野《いがの》カバ丸《まる》君 という ひとりの日本人《にっぽん》 としての留学《りゅうがく》が わたしの希望《きぼう》だったが なにはともあれ君が わがイギリスの学校に いってくれるだけでも コーフンものだ
そーだ 君も いっしょに寮《りょう》に はいりたまえ 疾風《はやて》君
ゲーー!?
コーフン だけで すめば いいけど
そうだわ 疾風《はやて》さんが いれば心強いわ いい考えーっっ
悪い考え ーーっっ おまいは くるなー
まってくれよ おれ 学校なんて もう ずっとごぶさた だぜ
中退
高校
いまさら 冗談じゃねーぜ
ぶんぶん
そーだよな おめーには 無理《むり》だよな

なんたって天下《てんか》の キリギリス 学校でい ハゲザルには 似《に》あわねーよ な〜〜〜〜っっ
おまいよりは 似《に》あわいっっ
そーだともっっ 君にぴったし 似《に》あいの 聖《セント》ビクトリア スクール だよっっっ
ムッ
できる!
まてよ
やあ よかったよかった あの学校なら わたしの知人《ちじん》も います
手続《てつづ》きは わたしに おまかせ ください
さっそく 明朝に でも
……というわけで

ごくふつうの イギリス旅行の はずだったのが
とうとう わたしたち3人 こちらの 寄宿《きしゅく》学校へ いくはめに なってしまいました センチメートル…
……じゃ なかった
センチメンタルさんも ほんとうの アンソニー君の ゆくえを必死《ひっし》になって さがしていらっしゃるので たぶんすこしの間だと 思います 心配なさらないでネ
学校に つきましたら また お便《たよ》り します
おばあ さまへ
麻衣《まい》

コン コン
マイ様 ユニフォーム 届《とど》キマシタ デス
制服 がー!?
パタパタパタ…
ママ…
クス
けっこう ワクワク したりして…
いってきまーす ダディ

それはロンドン郊外《こうがい》にあり
英国《えいこく》の誇《ほこ》り高く古き伝統《でんとう》をうけ継《つ》ぐ
聖《セント》ビクトリア スクール

やあ
デビッド
やあ
ジョン

生物学《せいぶつがく》のベンスン先生だよ
お
やあ
アンソニー ナオト 英語《えいご》すら忘《わす》れてしまったって…
ほんとうかい 信《しん》じられ……
ペシペシ
オオイエ〜〜 ノワンキン ムア〜ムエ〜〜
アントヮグヮトヮ
ドクォソヮ〜〜
ヒグォドクォ
ソヮ〜〜
ウムェブォシャ
スップァイ
スップァイ
プァイプァイウヮ
クヮーチワンノ
オッツィッツィッ
ドウドエムォ
イイクエドォ
ファルアフエッ
トヮ〜〜 トクォルォドェ〜
チォウォルェ〜ト
トゥクソワン
アルィグヮトォ〜♥
ドゥクェドォ
ズェンブ
ファイヤトェアトェドェ
オルェノグゥ
ズェンズェン
ノワクヮトワン
ドゥズェ——
じ〜ん
すっぱ すっぱい
あんたがたどこさ ひごどこさ
おっちちっ
てんてん

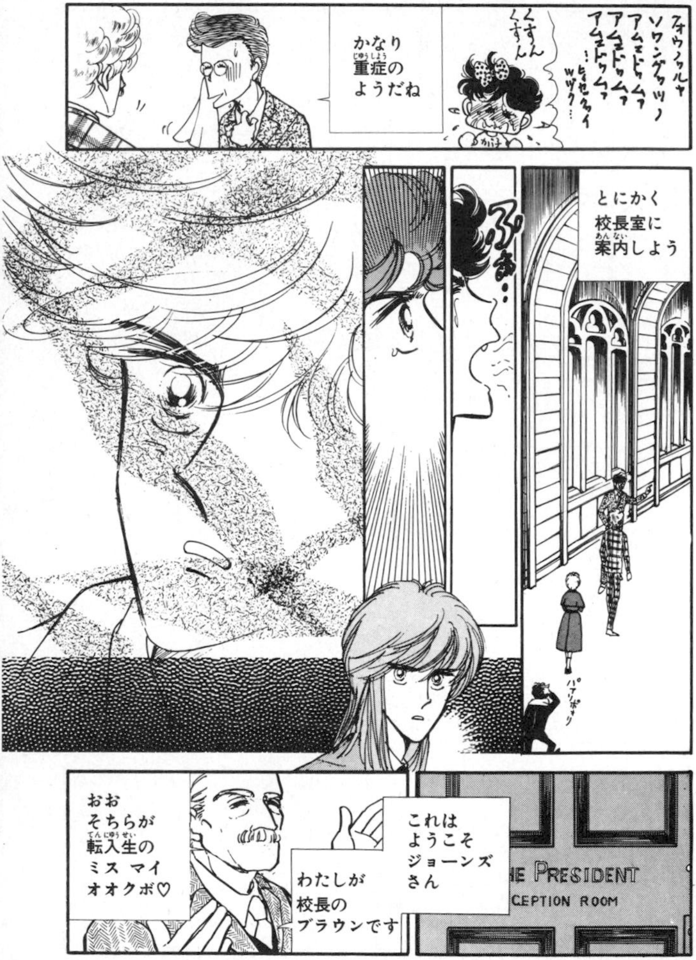
くすん くすん
かなり重症《じゅうしょう》のようだね
とにかく校長室に案内《あんない》しよう
パァリポォリ
これはようこそジョーンズさん
HE PRESIDENT
CEPTION ROOM
わたしが校長のブラウンです
おおそちらが転入生《てんにゅうせい》のミス マイ オオクボ♡

で…
アンソニー
ナオト
グラッド
フォース君と
もうひとりの
転入生《てんにゆうせい》は
し〜ん
はい
こちらに…
いない
やだ…
どこ
いつたのかしら
ふたりして……
さあ
さあ
食器《しよつき》を
そろえて

朝食用《ちょうしょくよう》のパンの数《かず》はたりてるね
やっぱりここか
たりてまーす
つたくいつまでもくせがぬけきらねーやろーだ
よせカバ丸《まる》
もー国にまできて
お
シュ
ュッ
シュッ
それっっ

にげろ
カバ丸《まる》
がってん
ハッ

シュッ
シュッ
シュッ
はやてー
パシッ
にげろ
カバ丸《まる》
パシッ
ぷ〜ん
すいません
道に迷《まよ》い
まして……
ぬけ
きらねー
な〜〜〜
ぐっ
ドドンドン
安心シナサーイ
グラッドフォース君
学校ニ
戻《もど》レバ
スベテ
思イ出シ
マース
ぐわし
こういう
タイプが

なんとか
いわ
ねーか
ドッ
どばっっ
キャン
……
注 とけかかってる
ハムたち
それじゃ
わたしは
これで帰るが
よろしく
たのんだよ
疾風《はやて》君
ほら あれが
君のいた
男《だん》子《し》寮《りょう》だよ
アンソニー
あ
アンソニー
ナオトだ

彼 事故《じこ》に あったんだって？
し—— こっち 見てるぜ
それより とうとう 伯爵家《はくしやくけ》 継《っ》いだん だってさ
や……
やあ アンソニー ナオト
オ—— イエ—— ノワンキン ムア〜ムエ〜
キャッホーッ ブァノワノワ〜
それじゃ 同じクラスの デレクとは ほんとうの 親戚《しんせき》か
日本《につぽん》人の 孤児《こじ》が うまく やったな
ARAE
SSASAT
…………

モニカ
おねーさま
アンソニーが
登校《とうこう》して
きたわよ
モニカ
どこいくの
もうすぐ
ドーバー
先生が
転入生《てんにゅうせい》
つれてらっ
しゃるのよ
てきとーに
やって
それどころ
じゃないわ
なによ
モニカの好きな人
ベンスン先生じゃ
なかったの
アンソニーが
正式《せいしき》に
養子《ようし》になった
からじゃない
みにくく
いわ
〜〜〜

おや…
あ
えー?
モニカ
さんたち!?
おはよう
ございます
ドーバー先生
注 気いつかって手でもってる↓
おはよう
あなた方《がた》が
知り合いだとは
知りません
でしたよ
まあ
それにしても
モニカ
ウォールドン
ミツアミが
ほどけて
ますよ
なんて髪《かみ》でしょ
あー
あー
あ…
クス…
やっぱり
こうして
みると
年下って
感《かん》じだわ
かわいい

あなた小学生じゃなかったの——!?
おおくぼまい
え〜うそ〜
わたしより
ふたつも
おばん〜!?
ガーン
……小学生……
さあさあ
さわいでないで
ミス オオクボを
女子寮《じょしりょう》に案内《あんない》して
あげなさい
パムパム
はああい
ドーバー先生
そしてすみやかに
礼拝堂《れいはいどう》へ
いくのです
時間が
ありませんよ
くるるる
小学生ー
小学生ー
ブツブツ

それにしても
油断《ゆだん》ならないわ
年くってる上に
こんなところまで
アンソニーに
まとわりついて…
マイ もって あげるわ
え？ わたしの 部屋に マイを？
だから… …
…やさしいとこ あるのね…
まあ マイ
ミサに
ふだん着《ぎ》の
ままで
いく気？
え

お
女子は みんな ドレスアップして 礼拝《れいはい》する ものよ
で… でも ドーバー 先生は なにも おっしゃら なかったわ
でも この服着《ふくき》てた 女の子たちに 注意《ちゅうい》してたでしょ 早く着《き》がえな さいって
いらっ しゃい かして あげる
いそぎ なさい 礼拝《れいはい》に おくれ ますよ
ペぅ ペぅ
?
はーい
ああ そう いえば…
これがいいわ
ええー!?

あら ステキよ おとなっぽいわ
ピク
にあうわぁ
これに するわっっ
くるん
OK OK
ありがとう
あなたたち 親切《しんせつ》ね それにどうして そんなに日本語が おじょうずなの
小さい時から ずっと日本語 習《なら》ってたのよ 日本《にっぽん》にもいったこと あるわ
だつて ゆくゆくは アンソニーの ワイフになるのよ とーぜんよ
わぁ そうだったの
はい できたわ

チャペルは あれよ
いそいで マイ おくれると そりゃあ きびしいバツが あるのよ
わたしたちも あとから いくわー
あ… なんて いい人たち…
ミッミス オオクボ そっ そのかっこうは なんです

みんな
ふつうの
制服《せいふく》
着《き》てる
ザワ
ザワ
ザワ

ガク
だましたのね
ザワザワ
ガヤ
静かに
静かになさい
ガヤ
ザワワ
さあ あなた
早くこちらへ
おっ

スッ
大《おお》久《く》保《ぼ》
麻《ま》衣《い》
——っっ
静かに———っっっ
(注)ミストーバー
消えた
消えた
ガヤ
ガヤ
ザワ
ザワ
ビリ
へへ… すげーなー 麻衣《まい》
キリギリスの ドンドン焼《や》きの 汲《く》み取り屋学校ん 中でもやっぱ 麻《ま》衣《い》がいっとー きれいだぜっっっ
へへ… へへへへへ へへへへへへ
カ…
カバ丸《まる》君…

ひどいわ モニカさん
あら だって あなたが あそこまで 本気に するとは思って なかったん ですもの
モニカ
ミサに あんな服《ふく》 着《き》るなんて 考えただけでも へんじゃない？
まあ

さあ ミサの おあとは お食事 お食事
ごめんなさいね 妹《いもうと》たち いたずらで ほんとにこまって しまうの
キュ
ぶんぶんぶん
ぜんぜん 気にして ませんっっ
ゆるしてね マイ オオクボ
まあ よかった

それじゃ いそいで 食堂《しょくどう》に いらしてね
はーい
エリナは この階の 寮長《りょうちょう》よ
ちょっと男性恐怖症だけど…
同じ姉妹《しまい》でも ぜんぜん ちがうわね
わたし 同室《どうしつ》の サンドラ・ペイジ サンディって 呼《よ》んで
カレン・ノアよ
あ…
よ… よろしく
しどろもどろ
ゲー 朝メシ これっぽっちかよ みてみろよこのパン
パン半分!?
きょうは コックが数《かず》 まちがって 焼《や》いちゃった らしいぜ
なんて とこだ

おめーの
せいだろ
ザワ
ザワ
ザワ
ミサの
時の
子だ
ザワザワ
すごい
男子ってば
みんな
あなたに
注目《ちゅうもく》してる
ポム
やだ…
みんなが
こっち見てる
やほし…
だいじょうぶよ
マイ　みんな
すごくあなたに
好感《こうかん》もってるわ
よお
大久保《おおくぼ》麻衣《まい》
ガタン

そら
こっちすわれよ
ひでーんだぜ
朝メシ
これっぽっちでよー
でもよ
お茶は なん杯《ばい》でも
飲めんだって
よかったなー
麻衣《まい》
チェッ
アンソニーと
どういう
関係《かんけい》だ
彼女の
となりで
食べようと
思ったのに
モニカ
作戦失敗《さくせんしっぱい》ね
このままに
しておく
つもり？
ポム
…つもりは
なさそうね
爵位なんか
どーでもいいが
なにもかもが
自分のものに
なると思うなよ
アンソニー
よっ
ジョナサン
ギル
また ミサ
さぼったな

よっ
デレク
アンソニー
きてんだろ
ぞぞ!!
注 なめはいでピッカピカの皿たち
わ…
わかんな
かったぜ
アンソニー
ぐびっぐびっ
休んでる間《ま》に
ずいぶん
ムード
かわったん
じゃないか？
おきゃーり
でい
ガターッ
アンソニー
なのか？
あれ…
同一人物《どういつじんぶつ》とは
思えないだろ
ギル

なんだか陰謀《いんぼう》くさいな
それとも伯爵《はくしゃく》さまになるとああなるのかな
一時的《いちじてき》なものだよ
彼は事故《じこ》にあったんだギル
日本《につぽん》からの留学生《りゅうがくせい》だよアンソニーの知りあいらしい
ハヤテキリノおれたちのクラスだってさ
ふーんなまいきそうなやつだな
やっちめ やっちめ
好《この》みだ
♡お友だちになりたい

まあモニカ 禁《きん》止《し》よー またそんなもの 教室に もってきて
半分 ちょーだい
だめよ
ちょっと それ マイの 本じゃない
し――
あら マイ
はい 本 忘《わす》れたんでしょ つぎはドーバー先生の 授業《じゅぎょう》だから 気をつけなくっちゃ 教室は301よ
モニカさん
あらん モニカって 呼《よ》んで マイ 朝のこと ごめんなさいね
モ…
…モニカ

かわいそー…
クスクス
キ
授業中《じゅぎょうちゅう》に
こんなものを
パタ…
ちょ…
ちょっと…
スタスタスタ‥
ミス モニカ・
ウォールドン
手にもっているのは
なんです

あ…いえ
ド…
ドーバー
先生
こ…
これは
マイが
バラ
バラ
ミス モニカ・ウォールドン

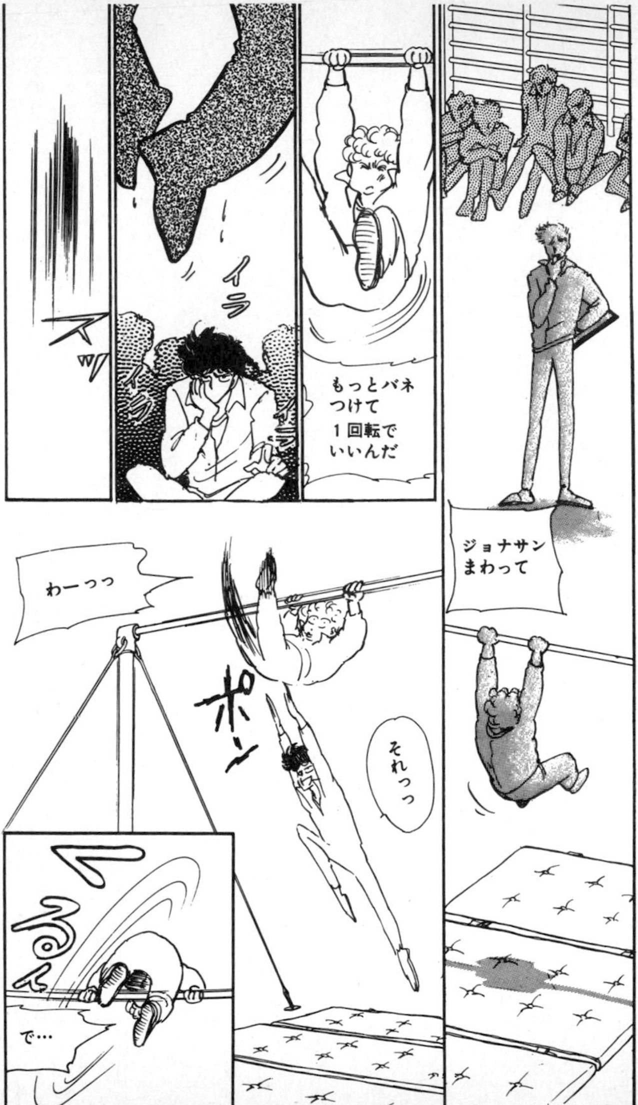
ジョナサン
まわって
もっとバネ
つけて
1回転で
いいんだ
イラ
イラ
イラ
スッ
わーっっ
ポーン
それっっ
くるん
で…

できたーー
のははは
すげー
アンソニーっ
みんなに
パチ
…おせつかいやろ
ま
アンソニーの
補助《ほじょ》は
あったが
できたことに
しよう
ジョナサン
おっ高所
恐怖症
人間
つぎは その
アンソニー
ナオト
グラッドフォース
だ
へへ
ヘッ
わかつてるつて
力ぬきや
いいんだろ

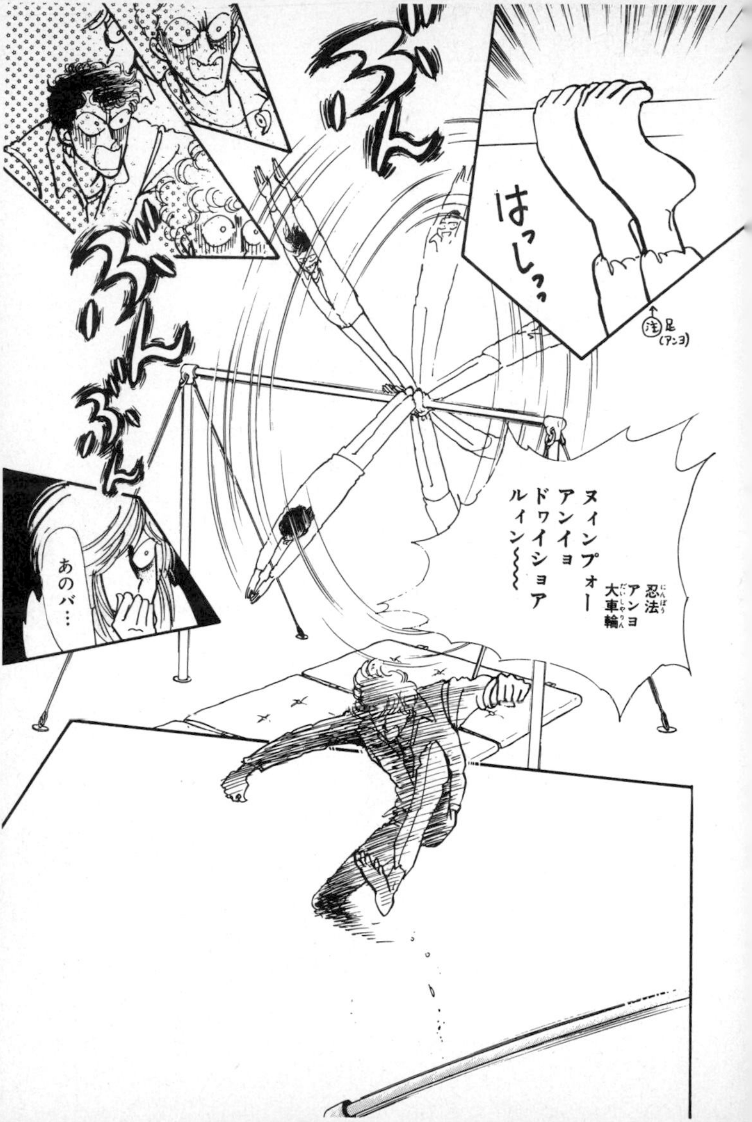
はっしっっ
㊟足(アンヨ)
ぶん
ぶんぶん
忍法《にんぽう》アンヨ大車輪《だいしゃりん》
ヌィンプォー アンイョ ドワイショア ルイン〜〜
あのバ…

スタッ
すげ――
今までかくしてた
なんて アンソニーの
やつめっっ
満点《まんてん》
満点《まんてん》
大満点《だいまんてん》
うそだろ
できた順《じゅん》から
外にいって
いいぞ
わあ
あ

ハヤテ
君はまだ
すんでないだろ
君は彼のこと
かまいすぎるん
じゃないか?
事故《じこ》に
あったとはいえ
アンソニーは
しっかりしている
だいじょうぶだ
ピ!
アンソニー
サンキュー
くる
わ——
だからあやまってる
じゃないかーっっ
食事ん時は
君のこと悪くいって…
ピクッ
あ…
いない

もう！
あったまに
きちゃうわ
ドーバーの
ハイミスったら
チョコレート
全部取り上げ
なくったって
いいじゃない
ふふ
でも 実《じつ》は
もう１枚
あったり
して
パクン
あ
モニカさーん
ドーバー
先生の
ところで
本 忘《わす》れた
でしょう

まって

グラッドフォース家とは
遠い親《しん》戚《せき》の
デスモンド
親子デス
あ…
デ…
デレ…
デレデレデレ
……
デレク

デ…デレクさん そ…その手を…
しどろもどろもどろもろろど〜ろも…
あ
ごっ ごめん
学校デ マタアエテ ウレシイヨ
わたしも
あら 日本《にはん》語が
マエニ ナラッタ コトアル カラ…
伯爵《はくしやく》は そーと一の 日本《にはん》かぶれだ 日本人になりきれ デレク
ハト マメ
と注 デレク
そんなことで どーする あんな日本人に グラッドフォース 家を のっとられても いいのかっ
ハイハイ モシモシ デンワクチ クチカラ イウノハ イイヤスイ ヤスイエンピツ スグオレル ルスバン スルノハ オバーサン サンノ クバイハ ニジュウヒチ ヒチリガハマト クリガハマ ハマグリトルノハ シオヒガリ ガリガリ クウノハ オセン ベエ ベエ
ベエ コトバハ ヤメナサイ
デモ ジョウズニ ナラナイ

あら そんなこと ないわ とっても じょうずです
わたしの 英語《えいご》なんて ひどいもの…
マイ…
君って なんて やさしいんだ
あんな アンソニー なんか 忘《わす》れてくれ
ちょっ…
ちょっと まっち ……
あっ おーい デレクー
クリント先生が さがしてたぜ

君んちから連絡《れんらく》あって家に電話《でんわ》してほしいんだってさ
わかった今いく
マイあとで手紙書くよ
なにしてたんだ？
別に話してただけだ
ふ——
カバ丸《まる》君のバカ——

TELEPHONE
TELEPHONE
ジーコロ
ジーコロ
あ…パパ
やあ デレクか
どうだ アンソニーの ようすは
……….
別に
いたって 元気だよ
そうか
記憶《きおく》は まだもどら ないんだな
ところで 創立祭《そうりつさい》の ダンス パーティー は

26日だよ
このあいだもいったじゃないか
もう授業《じゆぎよう》だからきるよ
やはり26日だそうだ
ところで計画は進んでるんだろうな
はい着《ちやく》ちゃくと"26日"までには完全です

アンソニー・ナオト
さえ
消《き》えてくれたら
こっちのもの
目の上の
タンコブだった
商売《しょうばい》がたきの
ウォールドンにも
ひとあわふかせて
やれる
おたくの息子《むすこ》の
デレク君も
めでたく
伯爵《はくしゃく》さまに
なれるし
わたしの美しい
ひとり娘《むすめ》を
手ばなすのは
おしいが…
デレク君と
わたしの娘《むすめ》の
クリスティーナが
結婚《けっこん》すれば
財《ざい》と地位《ちい》が
おたがいのものに
なるという
わけです
どうです
すばらしいじゃ
ありませんか
…ああ
多少《たしょう》不満《ふまん》は
残《のこ》るが…
クリスティナ

伯《はく》爵《しやく》
ヒ
ヒ
ヒ
ヒ
ザワ
ザワ
マイ 知ってる？
モニカとアンソニーったらさあ
ビクッ

キスしてたんですってよ
裏庭《うらにわ》で
CHU
CHU
……もう知れわたってる…
あ
モニカよ
ザワ
ピッ
ギィ…
ちょっとー聞いたわよー
え？
やーだ
しらばっくれて
白昼堂《はくちゅうどう》どうと
キスなんか
しちゃってた
くせにー
キャーキャー
わたしも
そーっ
そーなのよ

キャーーホホホ
アンソニーってばっっいきなり――っっ
…今さらいえないわ
いきなり目の前にあらわれて
ス
パッキン
チョコレートくわえて走り去つたなんて…
……
あ 君
第3女子《じょし》寮《りょう》の子だね

はい…
そうです
けど…
これ…
２０３号室に
いれといて
くれない
あ
ピン
ええ
おやすい
ご用《よう》ですわ
203
ス-..
Dear おおくぼまい
まあ
マイにですって
なまいきなー
だれ
からかしら
日本語

アンソニーからだわ
北《きた》の塔《とう》……
Dear My Mai
PM 8:00 [today] North Tower で
Your Dormitory
North Tower
わからないのとき
までむかえにいきます。
きをつけて
From Your
ふーん あそこなら だあれも 近よらないわね
モニカ 北《きた》の塔《とう》が どうかして？
別に
カサ
パタム
きょうは まだあの声が しないなって いったのよ

キャーーーッ
やめてモニカ
!?
この校内の 北《きた》のはずれにね グレーの古ーい 建物《たてもの》があるのよ マイ
ふふ
North Tower《ノース タワー》 っていって ずっと昔《むかし》 規則《きそく》を破《やぶ》った 生徒を罰《ばっ》する 所だったのよ
でも やがて 使われなくなって もう なん十年も 前から鍵《かぎ》がかけられて だれひとり はいったことは ないんですって
それが 数《すう》か月前から 夜になると へんな声が 聞こえてくるのよ
それは 日によって 高くなったり 低くなったり
カチ
AA《ええ》……
Uu《ううう》……

先生たちは否定《ひてい》してるけどみんなうわさしてるわ
昔《むかし》とじこめられて自殺《じさつ》した生徒が泣《な》いているとか
建物《たてもの》の下はもともと墓地《ぼち》でゆーれいや吸血鬼《きゅうけつき》が住《す》みついているとか…
ほら
ほら聞こえてこない~~~?
カチッ
くわい中でんとー

ほら
聞こえてくるだろ
ほ…
風の音じゃないのか
断《だん》じて
ちがうよ!!!
毎晩《まいばん》なんだぜ
昼ま原因《げんいん》を
調べてみても
依然《いぜん》として
わからないんだ
夜ま調べてみたら?
ま夜中の2時とか4時とか
え?
㊟遊びに来ている
おい もう
カーテン
しめろよ
あれ?
アンソニーが
いないぞ
あ… なんでもない

㊟ 4人部屋

どこいったんだ!?
1分前には たしかに いたぞっっ
注 ギルの さしいれ（クッキー）を むさぼりくうカバ丸
あのやろ…
こあいよ——っっ
こら 今ごろ どこに いくんだ

あ…
あの…
女子寮《じょしりょう》か？
ああーん
残念《ざんねん》だったな
そのエネルギーで
これをわたしの
部屋まで
運《はこ》んでくれ
えっ
そ…
そんな…
ほら
しっかり
もって
先生方の
各部屋にも
おいてゆこう
こつ
こまったな
マイ…
今ごろ
まってる
だろうな…

…どうしたの
かしら
アンソニーったら…
ドキッ
ドキッ
あんなこと
いわなきゃ
よかった
ギィー
カチ
か…かえろ…

ビクッ
ア…
アンソニー
いつからいたのお!?
静かにしろい
ぞえん ぞえん
気がつかなかった〜〜っっっ
こえかったよ〜〜

ア…
アンソニー だめよ 中に はいっちゃ

ギャー
もう中にはいってる
静かにしねーか
ハッ
ギャーーッ!!
この下からだな
だっだめよ塔《とう》の地下なんかにいっちゃ

や…やめて〜〜
くそー いきどまりだ ここにちげーねーのに

やんだ…
しーん‥

おい おれの分 できたか？
ああ 今 お湯《ゆ》 すてるとこだ
もうじき 開通《かいつう》だ ひと休み しようぜ
地下のカベがしゃべってる!?
へー そーやって 粉《こな》まぶすのか どこで手に いれたんだ
ジャパニーズ フードの おいてある マーケット さっっ
ア… アンソニー

そこだ——っっ

みっ 見られた
学校の生徒だ
あわてるな
女っ子ひとり
じゃないか
な…
なにしてるの
おじさま
たち…
きみの悪い
あの声の正体《しょうたい》
これだったのね
でも すごいわ
アンソニー
どうして
わかったの
あ…
いない

わーっっ
ここにも
いた〜〜
やっ
やきそば〜〜
あっ
あいたかったぜっっ
ふたりとも
ふんじばれ
ギャーッ
アンソニー
そんなもの
たべてる場合《ばあい》じゃ
ないでしょ
ガッガッ
ガッガッ
ガッガッ
ソース やきそば

おい
どうした
なにか
あったのか
なっ
なんだー
それは!?
見つかったのか
ヘイ
もうしわけ
ありやせん
しかし
このふたり
だけです
ご安心を
ふたり!?
もう
ひとりは!?
あっ

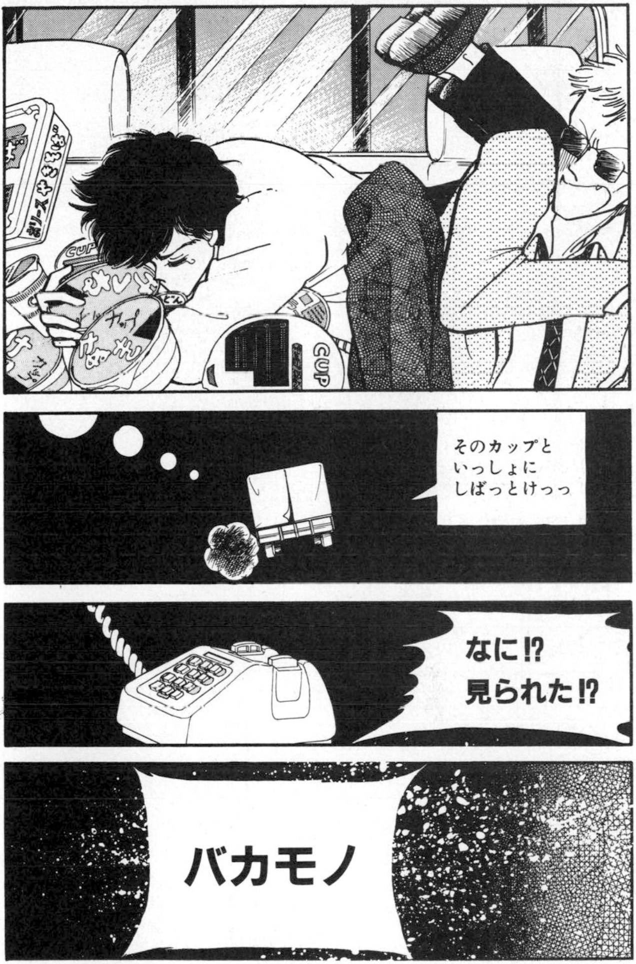
CUP
CUP
そのカップと
いっしょに
しばっとけっっ
なに!?
見られた!?
バカモノ

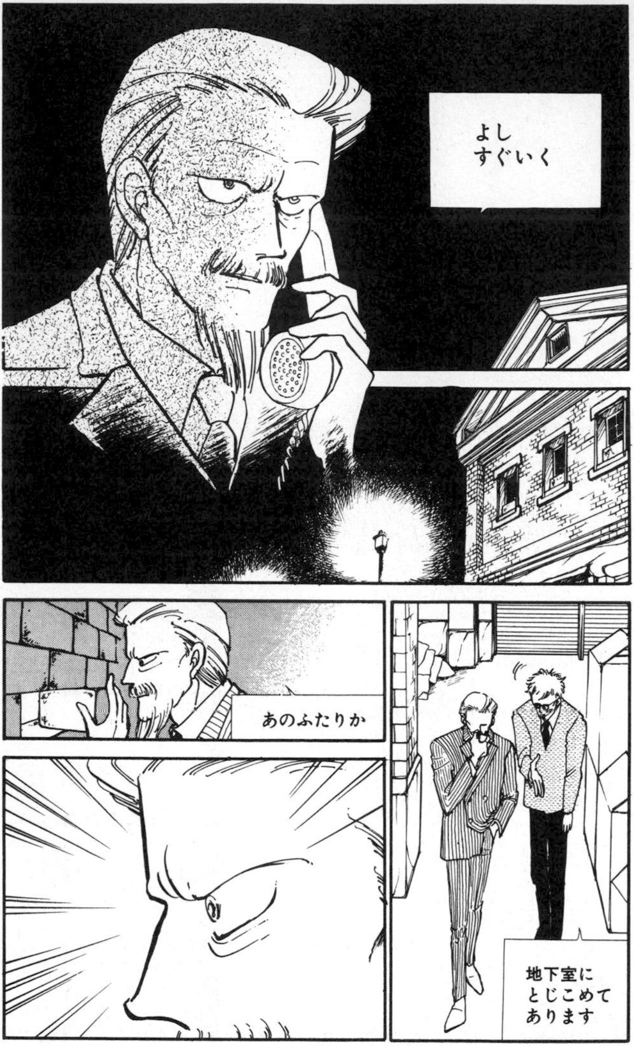

よしすぐいく
地下室にとじこめてあります
あのふたりか

秘密《ひみつ》地下道の ほうは ご心配なく きょうやっと ビクトリア校の 北《きた》の塔《とう》まで 開通《かいつう》いたしまして
あとは くずれたカベを もとにもどし 動かせるように 細工《さいく》して
地下道は 早急《そうきゅう》に うめてしまう ことだな
カタ
はい 早急《そうきゅう》に うめて……
え？

しっ しかし社長
例《れい》の
グラッドフォース
伯爵《はくしゃく》の養子《ようし》を
あのぬけ道を
使ってかっさら
うんじゃ……
もうここに
ちゃんと
かっさらって
きてるじゃ
ないか
そして
もう
ひとりは
ウォールドン家の
娘《むすめ》だ
あっ あれが
アンソニー ナオト
グラッドフォース
……
おお お湯湯 お湯湯
お湯 湯くりよ
かくしておいたジャパニーフードもみつけられ
しぼってもしぼってもするするぬけ出しやがって
なにすんでい!
お湯ー

部屋にガスをおくりこんで眠《ねむ》らせておけ
テムズ川にほうりこむかハイウェイ事故《じこ》にするかあとの処置《しょち》はそれからだ
はっ
われながらすごいてがらをたてたものだ
ピッ
ピッ
いやはやさっきは態度があまりにヒクツすぎたな…
シュー
シュー

ファ…
ソース　やきそば
マイ…
やっぱりもう
帰ったん
だな…
チェッ
あしたあったら
あやまんなきゃ
カチャ
HARVARD
HSC
TRAD CLUB

よう
よふけにおさんぽ?
外でアンソニー見かけなかったか?
知らないね
アソ
注 男子寮うら口
カバのやつどこいっちまったんだ
おれもねちゃお

ちょっと
みんな起きて
モニカったら
ゆーべ ずっと
帰らなかったみたいよ
あのやろ
野宿《のじゅく》
しやがったな
あれー
アンソニー
戻《もど》って
こなかった
のか!?
なんですって
モニカと
アンソニーが
寮《りょう》にいない!?

ひどーい
モニカったらー
かけおち
ですわ
どうしましょう
えーかけおちー
ガヤワワ
ガヤ
ガヤ
まあ おちついて
ワイワイ
ガヤガヤ
ま
そう そんなー

スッ
Dear おおくままい
フフフ

どうです デスモンドさん 早起きしてきた かいが あったでしょう
アア…
さて こんどは どういう 方法で かたづけますかな ハイウェイ事故《じこ》以外《いがい》で いきますか
…こんどは？
フ…まるで 前にいちど 殺《や》ったような いいぐさだな どうして ハイウェイ事故《じこ》…

たしか伯爵《はくしやく》の
実子《じつし》のアンソニーは
ハイウェイ事故《じこ》で…

そっ それじゃ あの事故《じこ》も 君が……
フフフ
なにしろ娘《むすめ》が あのころから おたくのデレク君に メロー気分《きぶん》
美しい娘《むすめ》には 高貴《こうき》なものが よく似《に》あう
しかし 伯爵《はくしゃく》が 生き残《のこ》りの あの日本《にっぽん》人を 養子《ようし》にしたのは とんだ 計算ちがい だったが
ムッ
そ… そうだったのか
わが社長が 二度同じ 失敗《しっぱい》をくり かえすはずが ありません
わが社 製造《せいぞう》の このガスは 強力《きょうりょく》で
2日は意識《いしき》が もどりません その間にふたりを 亡《な》きものにして しまえば…
よけいな ことは いわんでいい
早く下にいって ふたりを しばりあげて おけ
出すぎて しまった
おききの とおりです
カァ
パタ

このまま
あの世へ送《おく》れば
やっとわれわれの
念願《ねんがん》が
かなうわけです
ピク‥
ぶほ〜ぽお〜
ふあああ
←注
カバ丸

いってー ここは どこでい
ふぁぁぁ！
おい モナカ
モナカ おうどん
おきねーか うどんやろー 早く ずらかるんでい
パシ
ピシ
パシ
それにしても 腹のへる 名まいだな
チッ
どーすりゃ こうも 正体《しょうたい》なく ねてられんだ
Z

あの音は
カサ
カサ
おーいジャパニーズフードいっぱい仕《し》入《い》れてきたぞお
おーっっ
早くくっちまおうやつが目ーさまして全部たいらげるぞ
ズッ
ちげーねー ゲハハハ
シュッ
？
え？

お湯ーっ
お湯くりよーっっ
お湯ーっっっ
おゆ おゆ おゆ おゆ おゆ
2日は意識不明《いしきふめい》じゃなかったのかね
…そんな
…なバナナ…
ス
ヨロ…
お湯くりよぉぉ
クス
面がわれてるのでおもわず顔をかくしてるデスモンド

Dear おおくぼ まい
Dear My Mai
PM 8:00 (today) North
Your Destiny
よふけに おさんぽ?
ミサが おわった ようだな
ガヤ
ガヤ ガヤ

ガヤ
ザワ
しってる？
アンソニーと
モニカってば
かけおちよ
かけおち
ザワ
ガヤ
うそー
……
…たべもので
つつたのかしら
モニカつたら
あ
まってたのに
ひどいわあ
マイに
あやまらなくちゃ
ゆうべ
スッポかしたこと
だれが
かけおち
ですって!?
あ…いえ
ドーバー
先生
のわん
ですっ
てーっっ
え？
ササ
彼女は
君の手紙
読んじゃ
いないよ

Dear おおくぼまい
なっ なぜ君がこの手紙をもっているんだ
ひろったんだ
それをもっていたのはモニカウォールドンだぜ

ギル
デレクのやつ
ハヤテと
なにしゃべってんだ
今日の放課後散歩し
ここに
落ちてた
ゆうべ
ここで
なにかが
あったんだ
なにか…？
は…
はいる
のか？
こえーんなら
そこで
まってな
ぼーや
むっ
ズンズンズン
暗いとこにいこう
あっ
いない
ハ…
ハヤテ・キリノ〜

ハヤテー
なんだ でけー声 だして
ドキドキ するじゃ ねーか
あ… そこに いたの
みろ
あっ カベの色が 変《か》わってる
新しく つくりかえた んだな
あ

ぬっ
ぬけ穴《あな》!?
懐中電燈《かいちゅうでんとう》だ
イニシャルが
はいっている
M《エム》・W《ダブリュー》
M・W…M・W…
モニカ
ウォールドン
あ
わ――
まってくれよー
ハア
ハア
ハア
ハア

うそ
タイヤのあとがみえるな
ハァハァ
ハァ
こ…ここは
学校の裏道《うらみち》じゃないか
ギル
いったいなんなんだこのぬけ穴《あな》は
さあ
ほんとに知らないのか

どういう
意《い》味《み》だ
いや
別に
トレーラーの
中の中には
乗用車がある
この車の
中にはカバ丸と
モニカがいる
やきそば
CUP

どーだ
ようすは
夢中《むちゅう》で
食ってる
頭を打ってから
どーかしち
まったらしいぜ
やっぱりなー
あのジャパニーズ
フードをみる目つき
ただごとじゃ
ねーぜ
よし
ここいらで
殺《や》るか
オーライ
オーライ
スルスル

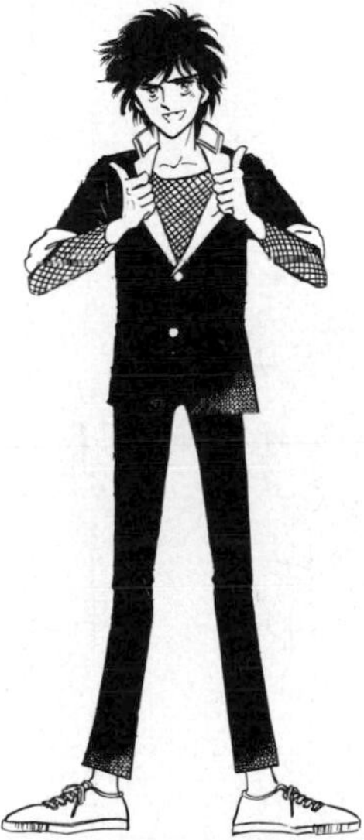

わーーっっっ
カップ
おれの
おれの
やきそばや
うどんや
ラーメンたち
がーーっっ

CUP
CUP

ゴボゴボボ
モナカおうどん
手がはなせねー
足も腕も
ソース やきそば
CUP

どういう意味《いみ》だ ハヤテ
ぼくが この ぬけ道を 知っていたって いうのか
別《べつ》に 深《ふか》い意味《いみ》は ないよ
ただ ゆーべ 君が おそく寮《りょう》に 戻《もど》ってきたもんで なにか外で みなかったかと 思ったんだ
みなかったよ
ぬけ穴《あな》を ほっていたと いうことは なにかを運《はこ》び 出そうとしてたん じゃないか
財宝《ざいほう》とか
財宝《ざいほう》が 学校に あるのか？
まっか

とにかく モニカと アンソニーが このぬけ穴《あな》を 通《とお》って消《き》えた ことは確《たし》かだ
運《はこ》び出すものは 人間かも しれないぜ
どうして アンソニーが 通《とお》ったって わかるんだ
そりゃあ
ぬけ穴《あな》に このフタが 落ちて いたから
やきそば
なー そのフタが なんの 関係《かんけい》が あるんだ？
どうでも いいから 学校に この ぬけ道のこと 知らせよーぜ

北《きた》の塔《とう》に 地下道が!?
ワイワイ
ガヤガヤ
ガヤガヤ
たしかに モニカの ですわ
きっとなにか あったんです 懐《かい》中《ちゅう》電《でん》燈《とう》を すてて かけおち するはずが ありませんわ
ピ
……ぼくの 書いた 手紙の ために……
あ… 疾風《はやて》さん

え? モニカが わたしあての 手紙を?
アンソニー からだとでも 思ったんだろ
エリナの いうように なにかあったと したら たぶんぬけ穴《あな》を ほっているのを モニカに知られ どこかにつれ さったんだろう
じゃ カバ丸《まる》君は
穴《あな》ほり人《にん》の 食べてた やきそば の においでも かぎつけて ついて いったんじゃねーの
アンソニーが 行方不明《ゆくえふめい》とは まことですか
モニカが いなくなったんですと!?

まことに申《もう》しわけ ございません グラッドフォース伯爵《はくしゃく》に ウォールドンさん
アンソニ〜〜〜〜〜
今 警察《けいさつ》の方《かた》にも きていただいて いろいろ調べている 次第《しだい》でして
モニカ〜〜〜
おとうさま しっかり なさって
デレク おとうさんから ＴＥＬ《でんわ》があって 連絡《れんらく》して ほしいそうだ
またか……
TELEPHONE
もしもし
おお デレクか
なに？ 26日の 創立祭《そうりつさい》のこと？ あやしくなって きたよ 生徒が行方不明《ゆくえふめい》に なったんだ

…そうか
生徒が……
いや
いいんだ
もう創立祭《そうりつさい》が
あろうと
なかろうと
デレク
おまえにも
やっと運《うん》が
向《む》いて
きたぞ
それじゃ
がんばって
勉強おし
カチャ
え
あ…
もしもし
なんだ
ひとりで
かってに
しゃべって
へんなの
あんなにしつこく
創立祭《そうりつさい》楽しみに
してたくせに

カバ丸《まる》君
どこに
いっちゃったの…
TELE

ぐい

ハフー!!
ふー なんて あぶねーこと しやがんだ 死んだら どーする 気でい

おまいら無事《ぶじ》だったか
れー こんな水びたしになっちまってよ
フタあけたやつはとうとう救《すく》えなかった……
なんてひでーことしやがるんだ
やろ―― みつけたらただじゃおかねー
おっと忘《わす》れていてい
押し
押し
押し
ぴゅ
ぴゅ
…………
おそろしいやつ
この状態《じょうたい》でまだ寝《ね》ていられるとは
ぐごー
ぐご
ぐご

しかし いってー ここは どこでい
汲《く》み取り屋 学校はどこ いっちまったんだ
おっ
ひく
スッ
♡♡キャホー♬

チラ
ポロ
この先《さき》の絶壁《ぜつぺき》
自殺《じさつ》するとこで
有名《ゆうめい》なんだぜ
海にとびこんで
死《し》んだ
ゆうれいが
このへんに よく
出んだってさ
ポター
ポターって
水したたらして
よ——
んなもな
うわさ うわさ
昼まっから—
も—
ケッ
ポタ
ポタ—…
ポタ—
ポタ—

ポター
ポター
おいちゃ～ん
お湯くりよお
～～～～おお
ポター

なに——
みつかった
——!?

ドドド
カ……
アンソニー
大《おお》久《く》保《ぼ》麻《ま》衣《い》
パラリ

カ

しーん‥‥
え？
チッ
あの
カバタリ
ぶる
アンソニー君
かぜひくぜ
よっ
よかったわー
アンソニー君
無事《ぶじ》でっっ

ハッ
ほんとーによーございましたアンソニーさま
わ…わしの娘《むすめ》はモニカは
おっひつじのカラシメンタイのおっちゃん
妹《いもうと》のモニカ・ウォールドンは無事《ぶじ》なのでしょうか
命《いのち》に別状《べつじょう》はありません今この先《さき》の病院《びょういん》にはいっておられます

…………
だんなさま
どうなさいました
あ…
あれは
アンソニー
じゃないぞ

だっ
だんなさまそれはそうでございます
あれはアンソニーさまではなくご養《よう》子《し》になされたアンソニー直《なお》人《と》さまです
だんなさまのアンソニーさまはもう……
セ…センチメンタル
グラッドフォース家か……
そういえばそういう事《じ》件《けん》もあったな

ええ
そうなんで
ございます
娘《むすめ》の
病院《びょういん》へ
いきたいの
ですが…
あっ
はいはい
センチメンタル
どういうつもりだ
時どき
だんなさまは
亡《な》くなられた
アンソニーさまと
おまちがえに
なって…
センチ…
あれは
ほんとうに
直人《なおと》じゃないぞ
アンソニー
直人《なおと》の足には
事故《じこ》の時の
キズが……
しーーっっ
あの
お話中
ですが
ローザ
おいで
はあい

だんなさま そのことは あとで ごゆっくり
おい とうとう バレたらしいぜ おっさんに
『身《み》の代金目的《しろきんもくてき》の誘《ゆう》かいか!?』
『聖《セント》ビクトリア校《スクール》謎《なぞ》の地下道』
LONDON TIMES
へー 車は盗難車《とうなんしゃ》だったんだって

モニカはどうなんだ
海にまっさかさまなんだろ? よく自力《じりき》ではいあがれたな
アンソニーってすげえやつだったんだな
2～3日で退院《たいいん》らしいぜ
モニカも助けて・・・
ホ・・・
アンソニーは?
きょうは家《うち》に泊《と》まんだろ
こういうことのあったあとだもんな
…だからといってなんで ハヤテまでがついてかなくちゃなんないんだ

ぼあり
ぼやり
チッ まいったな
足のキズとは気がつかなかったぜ
あとは完全《かんぜん》な非《ひ》のうちどころのないアンコロモチ変化《へんげ》だったのによ
あきれるふたり
そ… それでは
はい 身《み》がわりになっていただいたカバマル イガノさまです
ふふ
おれは実《じつ》は日本一《にっぽんいち》の優秀忍者《ゆうしゅうにんじゃ》さまでい

まあ
みてな
忍法《にんぽう》——
スタッ
早食いの
術《じゅつ》——っっ

早飲みの
術《じゅつ》ーっっ
んぐんぐんぐ
早なめの……
オーンベロベロ…
いいかげんに
しねーか
ガクッ
申《もう》しわけ
ございません
だんなさま
くすん
あの お世継《よつ》ぎ
おひろめパーティーで
おぼっちゃまが
行方不明《ゆくえふめい》だと
お知りになった時の
だんなさまを
思うと……つい

アンソニーさまが まさか こうも 長い間 家を あけられる とは…
………… ほんとの
ほんとの アンソニーは どこに いるのだ
㊟かけつけてきたジョーンズ
ほんとに あいつ どこいっちまったのかな——

とうちゃんがあんなに心配してんのによ
料理《りょうり》だってあんなにすげーのに
じいちゃんはいねーし
しかしやはりこの国にゃやきそばが少ねーからな
それよりおまえほんとにゆーべのやつらおぼえてねーのか？
ああ
チッよくそれで忍者《にんじゃ》っつってえばってられんな
感動《かんどう》のやきそばとの出あいだったんでいっっっ
まあまあ
カ…カバ丸《まる》君
カバ丸《まる》君ならおぼえてるはずよよく考えてみてお願い

ペラ
ペラ
ペラ
ペラ
ペラ
ペラ
ペラ
きつね
CUP
through life, we sweat a
if God exists, and does
We see pain all abo
Everyman, and we con
ing questions: Is he a
does he play the ponies
うどん
やきそば
だめだ
みんな 顔が
やきそばだの
うどんだのに
なってしまっている
ささだんご
おいわけだんご

注 水びたしになった めんたち
くそ――
このおれが
必ず ふんじばってやるっっ
(べが～)

チッ なんでー また アンコロモチに なって学校か ……
そうだ マイ
これを 渡《わた》すのを 忘《わす》れていた
君たちが 学校に はいった日に 私の家へ 届《とど》いていたんだ
まあ おばあさまからの手紙《てがみ》
麻衣《まい》 そちらの生活は どうですか
ふふ こちらではね ちょっと おもしろいことが あったのですよ
あら わたしの出した手紙と いきちがい らしいわ

カバ丸《まる》君
疾風《はやて》さん
ビクッ
びく
先日《せんじつ》沈寝《しずね》君のお兄《にい》さま目白要《めじろかなめ》先生の高校で…
ああ今ごろカバ丸《まる》君たちはイギリスのどのあたりだろう　休みをとってわたしもいっしょにいけばよかった
ん
おさつ
ナス
だいこん

ふふ
カバ丸《まる》君では
ないか
あっ
久美子《くみこ》
くーん
今
君が
話をして
いた男性は

伊《い》影《かげ》直《なお》人《と》君 です
それは ほんとうに そっくりだった そうよ
どう ちょっと 不思議《ふしぎ》な 話でしょう
アンソニー 直人《なおと》だ

センチメンタルさん
アンソニー君らしい人がいたって日本《にっぽん》からの手紙に
えっつっ
ホッホントデスカ
今祖母《そぼ》に電話《でんわ》してもっとくわしく聞いてみますわ

RRRRR
はい 院長室《いんちょうしつ》です
んまっ 麻衣《まい》
ピク

ええ わたしも さっき いれちがいに 届《とど》いたあなたの 手紙を読んで びっくりして しまったのよ
ごめんなさい おばあさま
とても 急《きゅう》なことで お手紙のほうが わかりやすいと 思って
ホホ
いいのよ 麻衣《まい》
でも ほんとに おどろいたわ カバ丸《まる》君と そっくりな子が いるなんて
アンソニー直人《なおと》さんと いう人といれかわって カバ丸《まる》君が イギリスの 名門校《めいもんこう》に通《かよ》って いたなんて
で… 今も ちょうどね
その カバ丸《まる》君と 直人《なおと》君の ことを お知らせ しようと…

沈寝《しずね》君にも
あなたのお手紙
読んでいただいて
いるところだったのよ
えーーっっ
沈寝《しずね》さまにーー!?
あ
おっ おは…
じゃない
こっこんにちは
沈寝《しずね》さま

やあ
大久保《おおくぼ》さん
かってに手紙
読ませて
いただいて
すみません
カア
い…
いいえ
それが
ぼくもおどろいて
いるんだが
やはり
兄《あに》の会《あ》ったのは
そのアンソニー直人《なおと》君
じゃないかと思うよ
ぼくからも
兄《あに》にもう一度
聞いてみる
つもりだ
はい
はい
ええ
むあっかっっっ

あ
この沈《しず》寝《ね》のどすけべやろー
さっきから麻《ま》衣《い》に なにごちゃごちゃすけべったらしいこといってやがんでーっっ
どH《エッチ》やろーめっ
あり？ばあちゃん

まあ とても 元気そうね カバ丸《まる》君 よかったわ
冗談《じょうだん》じゃない
キ〜〜ン キ〜〜ン
カバ丸《まる》に そっくりなやつが この世に もうひとり いるなどと
おなか こわさない よーにね
うんっっ わかってるってェ
そわんじゃーねー やきそばたちに よろしくー
よーし わしは 日本《にっぽん》にいくぞ センチメンタル
だんなさま

マイ ドーカ ソノ アンソニーヲ 見カケタトイウ 人ノ住《す》ンデル 所ヲ教《おし》エテ クダサイ
おれが 案内《あんない》して やるぜ おっちゃん
なーに おれのよーく 知ってる まんぷく堂《どう》 って―― やきそば屋の すぐ近くでい
やきそば
うどん
すきやき
要《かなめ》先生の 学校… あそこから ずいぶんある ような気が するけど
そうだな もうカバ丸《まる》も 学校で アンソニーに なってるのは 限界《げんかい》だ
よく今まで バレなかったぜ
し…しかし 学校のほうは
休学届《きゅうがくとど》け

でも カバ丸《まる》君 ひとりじゃ 心配だわ わたしも いっしょに いきます
わたくし もっっ
さっそく 飛行機《ひこうき》の 手配《てはい》だ
よーし みんなで キリキリ アンソニー さがしでいっっ
疾風《はやて》さんは?
おれは もう しばらく こっちにいる

いろいろ
調《しら》べたい
ことが
あるんでね
そーだ
そーだ
おまいなんか
ついてくんな
ついてくんな
そーね
あの地下道や
カバ丸《まる》君や
モニカを
さらつた人たち…
モニカとアンソニーってばずっとふたりっきりだったんでしょう
ひそ
ひそ
とにかく
ほんものの
アンソニー君を
早くさがし
ださなくちゃ

㊟男子寮

アンソニー 今日から当分《とうぶん》 休学《きゅうがく》だってさ
マイ オオクボも だぜ どこかに 静養《せいよう》に いくんだって
おれ ここに いるけど
ギ
だからといって なにも ハヤテ キリノ まで 休学《きゅうがく》すること ないじゃないか
なんだ いかなかったのかよお、
マイ… いっちゃったのか…
外出《がいしゅつ》許《きょ》可《か》証《しょう》 お願いします
あ デレク デスモンド君ネ
その花

なんですってっっ
アンソニーが日本《にっぽん》に!?
そーなのよモニカ
ちゃっかしマイもついていったらしいわ
ええ
それよりアンソニーにお礼《れい》をいうべきだったわ あなたを助《たす》けてくれたのだから
どうだったアンソニーの活躍《かつやく》
うわさよお あなたを海から救ったって
ガ
ガ
ガ
ガ
ガ

だめっっ
なんだか
ガスのせいで
ある場面しか
うかばないわ
それにしても
マイってば
いっしょに
くっついてくなんて
ゆるせないわっっ

デスモンドだ……
どうしたわけだ
アンソニーとモニカは無事《ぶじ》保護《ほご》され
アンソニーは静養《せいよう》と称《しょう》して日本《にっぽん》にいってしまったそうじゃないか
おかしいなたしかに車ごとまっさかさまに……
ブツ
ベツ
あいつ人間じゃねー
ブツ
創立祭《そうりつさい》の夜に開《ひら》かれるダンスパーティーでアンソニーをつれだす計画《けいかく》も失敗《しっぱい》…
警察《けいさつ》がウロウロとかぎまわっているっていうではないかね
このへんでもう手をひいたらどうだろ

なるほど そーいうわけ だつたのか…
そうか 手はうって あるんだな
ほんとうに だいじょうぶ なんだろうね こんどは 期待《きたい》をうらぎ らんでくれよ
フフ… 悪党《あくとう》めっっ

教官
スチュワー→
です、、

日本《にっぽん》
名門《めいもん》 金玉学院《きんぎょくがくいん》
ガラ
II-紅
おい
伊賀野《いがの》が
帰ってくる
らしいぜ
キャーー
ほんとー
大久保《おおくぼ》さんは？
大久保《おおくぼ》さんも
いっしょ
なんだろ

それにしても わたくし 信《しん》じられませんわ
伊賀野《いがの》と そっくりな 人間がこの世に いるなんて… だろう
野々草《ののぐさ》君 信《しん》じたくない きみの気持《きも》ちは わかるが どうも ほんとらしい
ま
現《げん》に わたしの兄《あに》が その人物を 見ているのだ
久美子《くみこ》君 久美子《くみこ》君 今のは…
伊影直人《いかげなおと》君 です
わたしが 父《ちち》の仕事《しごと》の 都合《つごう》で イギリスの学校へ 通《かよ》っていたころの 知りあいなんです

大きくなったら結婚《けっこん》してくれる?
いいわよ
でもほんとうに会《あ》いにきてくれるなんて
もう8年も前のことなんですよぉ
日本《にっぽん》に着《つ》いてからあたしのことずっとさがしていたんですって——っっ
え? 今ですか?
なんでもどこかのホテルにいるとか…
さあ場所《ばしょ》までは…
また会《あ》いにきてくれるって いってましたっっ

……というわけだが
院長《いんちょう》の孫《まご》の手紙によるとイギリスの名門《めいもん》貴族《きぞく》の正式《せいしき》な養子《ようし》らしい
まあ イギリスの名門《めいもん》貴族《きぞく》
名門《めいもん》貴族《きぞく》のご養子《ようし》さま
そっくし
!?
悩《なや》むな
伊賀野《いがの》が住《す》んでるのはたしかこのへんのはずなんだがな
キョロ
キョロ
べつにやつのところにいってどうなるってこともないけど

彼のポケットにはいつていたこのパスポートで簡単《かんたん》に日本《にっぽん》にこれたけど
もつてきたお金もあとわずか…
日本国 JAPAN
こんなこと死《し》んだつて久《く》美《み》ちゃんにはいえない…
それにしてもきれいになってたなあ…
おっありゃあカバ丸《まる》じゃねーか
ケッケッそっと近づいてびっくりさしてやれ
カラン
コロン
カラン
コロン
カラン
コロン
カラン
コロン

たっ
たすけて
おっ
おーーい
まてよー
カバ丸《まる》ー
…そっ
そーか
ぼくのこと
伊《い》賀《が》野《の》と
まちがってるのか
や…
やあ
ごきげんよう
おばあさん
それにしても
すごい顔の
おばあさん
だな……

へーー
さすがエゲレス
ちっとの間《ま》に
ずいぶんと
アカぬけたなー
あれ? あの 声は
あっ 伊賀野《いがの》だ
もう着いたのか
あとで おれたちも まんぷく堂《どう》 いって みようぜ
おめーが いねー間 そりゃあ さびしかったぜえ 久《ひさ》びさに おれの屋敷《やしき》に よってってくれよ なっっ
おめーがこねーと 家中ガラーンと あんまし広びろと しちまってよ しゃべるたんびに こだまがひびく ありさまよ

まんぷく堂
うっ
どうしたんでー
早く
はいれよ
こっ こんな
家が まだ
日本《にっぽん》には
残《のこ》っているのか
今日は
おれの
おごり おごり
おめーが
いねーと
ったく
やきそば焼《や》く
はりあいが
なくてよー
グ〜
グルル
グルル
でも
いいのかな…
まあいいや
ここはひとつ
伊《い》賀《が》野《の》カバ丸《まる》に
なりすましてやれ
ふふ

そらよ
おまっとーー
どしっっ
わーーっっ
麻《ま》衣《い》は まだ みたいよ
じゃあ カバ丸《まる》君 ひと足先《さき》に 帰って きたのね
ガラ
あっ いたいた ーー
それっ くえ くえ
チャッ
チャッ
ノー ノー
フフフ あいかわら ずねー カバ丸《まる》君っ てばー
ハアィ
気がちると わりいから 食べおわんまで 外でまって よーぜ
たっ たすけて…
ガラ ガラ

どーした カバ丸《まる》 食いっぷりが わりーぞ
ホレ くえ ヤレ くえ
おっとー
おきゃーり 超特急《ちょうとっきゅう》で 焼《や》いてきて やっからよ ちょっと まっちー
あっ 食べ おわった?
ぷく
ねー 久《ひさ》びさに カバ丸《まる》君 木の上飛《と》んで みせてよ
そー そー 枝《えだ》から枝《えだ》へ ぴょんぴょん って

でも ちょっと今は 無理《むり》なんじゃ ない？
そーね だいぶ からだ おもそー ね
ホ
どうしたの かしら なんか さわがしいわね
ザワザワ
ドタドタ
バタバタ
あっ よっちゃん なにか あったの
すみれちゃん たっ たいへんよー サリーちゃんが 東棟《ひがしとう》の屋上《おくじょう》で
あー トシちゃんの サイン
わあ いいんだー ハンカチに してもらっちゃって
キャー！♡
いいなあ
フフフ どーってこと ないわよお
ブワ
あっ

ギャー——
トシちゃんのサイン
ひと晩中《ばんじゅう》おっかけてやっともらったのよ〜〜〜
やっやめなよ
あぶないよ
ザ——
スルッ
ドスン
うそ
腰《こし》がぬけちゃったらしいのよ
なんか白川《しらかわ》さん宙《ちゅう》づり事件《じけん》思いだすなあ

ギヌロ
ぐえ〜ぷ
おっぷ
あっ
伊賀野《いがの》だ
カバ丸《まる》君だわ
そーだ やつが帰ってきたんだ
え?
ゲップ
早く 早く 君なら 彼女を助《たす》け られる
わせ わせ

わ——っっ
やっ やめ——
ノ—
ノ—
2年の
夢野《ゆめの》さんは
だいじょうぶなの?
カバ丸《まる》君?
なにふざけてんだよ伊賀野!
一刻をあらそうだぞ
早く早く
死《し》む——
死《し》む——
こあいよ——っっっ
㊟さっきくったやきそばだったりして……
ハッ
やっ
やめたまえ
きみたち
彼は伊賀野《いがの》君
じゃないぞ

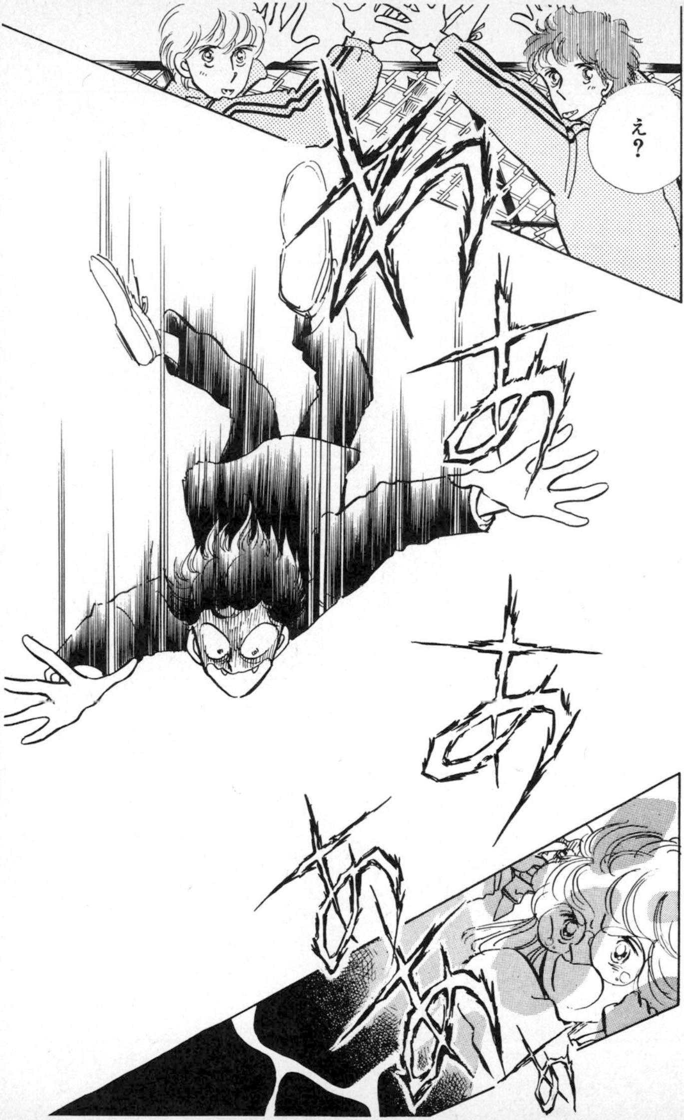
え？

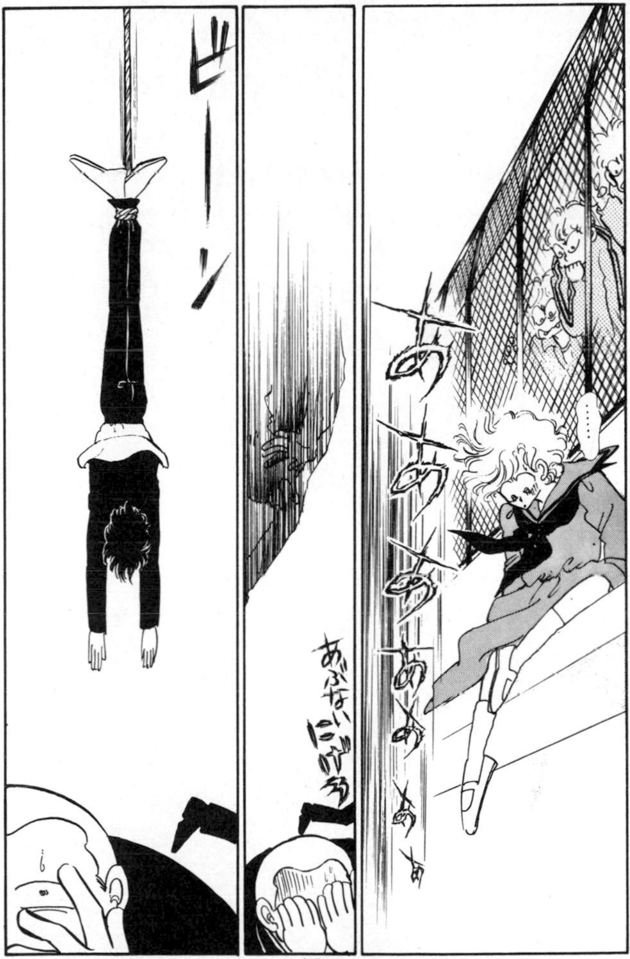

↑㊟ 白ぬき

伊《い》賀《が》野《の》だ——っっ
キャ——
ヤバ丸君——
じゃさっきおっこってったのは?
アンソニー直人君だ

おいおい
アンコロモチ
いっくらおれに
化《ば》けてるからって
こっから飛《と》びおりんのは
ちょいと無理《むり》じゃ
ねーのか
うそお
どういうことだこれ
ア……
アンソニー
ぼっちゃまっっ
はるばる
とーちゃんが
おめーのこと
さがしに
きたんでい
フフ

へへ やっぱ これが 一番でいっっ
それにしても そっくしっっ
ヒニのよさが ちがうだけ?
ワー ワー ワー
ちょっ… ちょっとー あたしは どーなんのよー

すみません
ぼく…
あの婚約者《こんやくしゃ》
候補《こうほ》が集《あつ》まる
パーティーには
どうしてもでたく
なかったんです
……ぼくには
あの…
好きな人
が…
高樹《たかぎ》
久美子《くみこ》
さんね
カァ

ほんとうは日本《にっぽん》にくるつもりなんて全然《ぜんぜん》なかったんです
うそつけ計画的《けいかくてき》だったんだろ
ええまえまえから一度は日本《にっぽん》に…
ちっちがいます計画的《けいかくてき》だなんてそんなっっ
スーー
ビク

ぐっ 偶然《ぐうぜん》にも ぼくとそっくりな 伊賀野《いがの》君に 出会《であ》って服《ふく》を とりかえた時
ポケットの中に パスポートが はいっていて それをみたら つい むらむらと…
とかなんとか いっちゃって はなっから そのつもり だったくせに
いえ 用意《ようい》して いたのは 費用《ひよう》だけ で…
へー そーだった の
す……
すいません おとうさん

お…おとうさんたちに ものすごく世話《せわ》に なっておきながら それも ぼくなんかを あととりにしてくれて そのことで あんなに 心をくだいて くれてる時に…
ぼくは…
ぼくは 家出《いえで》を してまで 日本《にっぽん》に いきたかったんです
久美《くみ》ちゃんに 会《あ》いにいくだけ じゃなくて もしかしたら
死《し》んだ両親《りょうしん》の 身内《みうち》が 日本《にっぽん》のどこかに いるんじゃ ないかって…
すいません …おとうさん

ポン
ナオト
アヤマラナケレバナラナイノハ私ノホウダ
私ノホウコソオマエノ気持チヲ考エズニ…
ユルシテオクレ…
おとうさん

チェッ いいとこあんぜ アンコロモチ ナットーの ひげづらとうちゃん ってばよっっ
な―― ひつじの カラシ メンタイの おっちゃん
HAJISARA
SHI.HAJI
SARASHI
……
へへ よかったな あんまし とうちゃんに おこらんなくってよ
ああ
くす

学校に はいったきり 連中《れんちゅう》なかなか でてこんな
もしや 学校を横切《よこぎ》って ちがう出口から でたのかも
そうだ そうに ちがいない
あわてるな
大久保《おおくぼ》とかいう 女の子の家に 静養《せいよう》に きているのは ビクトリア校《スクール》に 確《たし》かめてある
あんがい この近くかも しれない
スミマセーン オジイサーン

なんですかァ
WHAT DO YOU SAY WHAT
DO YOU SAY
ああ大久保《おおくぼ》さんならすぐじゃよ
ご案内《あんない》いたしましょう
そこを右にまがって
つぎの角《かど》を左にまがって
ジイサンドコマデイク気ダスグデハナカッタノカ

この藪《やぶ》を
ぬけきった
所じゃよ
そう
そう
まっすぐ
まっすぐ
あぶねー
いきどまり
だ――
この
くそじじい
……!?
いない!?
こつぜん

——ロンドン郊外《こうがい》
聖《セント》ビクトリア校《スクール》——
ゲー
もう朝か
あれ ハヤテ
早いな
おさき
カチャ
やあ
よお

そうか
手はうって
あるんだな
悪党《あくとう》めっっ
消《け》すのは
他国《たこく》のほうが
やりやすい
か…
そろそろ
連中《れんちゅう》 日本《にっぽん》に
着《つ》いた
ころだな
ジーコロ
ジーコロ
車ごと
海へ!?

しかし さすが 伊賀野
それ…
もしかしたら ほんとは ぼくがそーいうめに あったってことかな
…さあな
はい 大久保《おおくぼ》です

あっ
疾風《はやて》さん
えっ
まあ
ええ
わかりま…
あっ
もし
もし
どうしたの
麻衣《まい》
疾風《はやて》さんは
なんて…
なんか
すけべったらしいこと
いわなかっただろーーっ
ええ
それが…
カバ丸《まる》君たちが
絶壁《ぜっぺき》から海へ
落とされたのは
偶然《ぐうぜん》じゃなかったん
ですって

それからビクトリア校《スクール》の地下道も…
どちらもアンソニー直人《なおと》君がねらいだったらしいって…
そ…それから今もアンソニー君の命《いのち》をねらう人物が日本《にっぽん》にいくかもしれないって…

イッ イッタイ
誰《だれ》ガ 誰《だれ》ガ
ソ…ソンナ
恐《おそ》ロシイコトヲ…
わっ
わかりません
そのことは
なにもいってませんでした
おい
このくそ疾風《はやて》
かんじんなこといわねーか
ハゲザル
もう
無理《むり》だよ
伊賀野《いがの》
おりかえし
電話《でんわ》して
みましょうか
まってください
彼が
どういう状態《じょうたい》でいるかわからない今
こちらからは
連絡《れんらく》はさけた
ほうがよいと
思いますが
目《め》目《め》白《じろ》
そのとおり
だっっっ

注 カバ丸
ビクン
シカシ ドウシタラ イインデスカ アンソニーノ 命《いのち》ガネラワレテ イルナドト
ダッ
!?
どうしたんだよ 伊賀野《いがの》
こうなったら 警察《けいさつ》へ
ビクン
注 アンソニー直人
おまち なされ

ビクン
才蔵《さいぞう》さま
ややっぱり じいちゃんだ
アンソニー君と やらは わしが おあずかり いたそう
まあ なんて いい考え
そうですわ 才蔵《さいぞう》さまなら きっとお守《まも》りして くださいますよ
カアー
おれのこと つれもどしに きた人じゃ なかったのか

シ…シカシ…
いいえ そうなさいませ 才蔵《さいぞう》さまなら きっとお守《まも》りして くださいますよ
おめー運がいいぜ
やつのそばにさえいれば でーじょぶでい
こわそーやんけ
カバ丸《まる》 おまえも いっしょに くるのじゃ

TESC
………
……
そーいや あの小僧《こぞう》
しっかりこれもって
浮《う》かんだん
だってな
信《しん》じられねーやろーだ
どーやって あの車ん中から
しー
ところでよ
社長《しゃちょう》んとこの
ひとり娘《むすめ》 結婚《けっこん》
するってうわさだぜ
へー
もの好きも
いるもんだな

ボソボソ
きょう 社長《しゃちょう》 くるのか
ボソボソ
ああ 夜中の2時に 例《れい》の電話《でんわ》が あるらしい
グレイ社《しゃ》 倉庫《そうこ》…
スッ
学校の 裏道《うらみち》に ついていたのは たしかに この タイヤのあとだ

よお
ハヤテ
授業《じゅぎょう》サボって
どこいってたんだ？
ギ
裏庭《うらにわ》で
寝《ね》てた
なんだ
ちょっと
声かけて
くれたら
ぼくも君と
寝《ね》るのに
え？
あっ
デレク
聞きたいことが
あるんだ
グレイ社《しゃ》？

グレイ社《しゃ》の
社長《しゃちょう》の
ジョン・グレイは
ぼくの父親の
友人だよ
へー
そうだった
のか
その会社
どこに
あるんだ
…………

どん
なにがなんでも今度《こんど》の週末《しゅうまつ》日本《にっぽん》にいくわ
モニカ おちつきなさい あなた病《や》みあがりなのよ
こうしてる間にもアンソニーにマイがどんなチョッカイだしてるかわかったもんじゃないわ
これがおちついてられるわけないでしょっっ
もし まちがってアンソニーがあんなチンクシャと婚約《こんやく》してしまったら
どうする気よっっ
アンソニーったらマイの家にいったっていうじゃないの
や…病みあがり…

もうアンソニーの 婚約者《こんやくしゃ》は わたししか いない
ちょっと わたしまだ 放棄《ほうき》して ないわよ
海の中から わたしを 救《すく》ってくれて
病院《びょういん》に この花をそっと 届《とど》けてくれたのも きっと アンソニーだわ
うしろ姿《すがた》しか ……でも たしかに ビクトリアの 生徒《せいと》だったわ
注 ナースのことば
ぐーすかぴー ぐーすかぺー
およだ たらたら ぐーすかぺー
ぞぇーん ぞぇん 覚《おぼ》えてない くせに

だけど
あの人 もしかしたら ほんとうの アンソニーじゃ ないかもよ
フフ アンソニー じゃなくて アンソニー直人《なおと》 だっていいたい んでしょ
そーじゃ ないわよ
わたし 伯爵《はくしゃく》の話 聞いたんだから あのアンソニー直人《なおと》の 足には事故《じこ》の時の キズがないって…
にせものに 恋しても しょーも ないわ
プ

そんな
子どもみたいな
ウソ信《しん》じると
思って？
ほっ
ほんとよ
ほんとうに
聞いたん
だからー
本気《ほんき》なの
モニカ
そんなこと
日本《にっぽん》にいって
確《たし》かめれば
すぐわかるわ
へー
グレイ社《しゃ》ってのは
ウォールドン社《しゃ》の
ライバル会社か
君
グレイ社《しゃ》に
就職《しゅうしょく》でも
する気？
ふ
さっきから
根ほり
葉ほり
するのは
君のほうだろ

グレイ氏《し》にはひとり娘《むすめ》がいるんだろ？
どういう意味《いみ》だそれ
それがどうしたっていうんだよ君には関係《かんけい》ないだろ
どうして そういつもいつもひっかかるようないい方するんだ
北《きた》の塔《とう》の地下道の時もそうだ
いいたいことがあるんならはっきりいえよ
はっきりいうよその地下道《ちかどう》を掘《ほ》ったのはグレイ社《しゃ》だアンソニーをかっさらうためにね

でたらめいうな
なんの証拠《しょうこ》が
あってそんなこと
いうんだ
証拠《しょうこ》なら
みせてやるよ

今夜1時
寮《りょう》の裏《うら》で
まっている
まわりの
連中《れんちゅう》に
気づかれる
なよ
ハヤテの
やつ
まだかな
ここにいるぜ
ぜんぜん
いるの
わかん
なかった

どこに いくんだ
だまって しっかり つかまってろ
?
ギュ
わあああ!?
静かに しねーか
きっ 君は いったい なに者なんだ
こんど しゃべったら つきおとすぞ
・・・・・

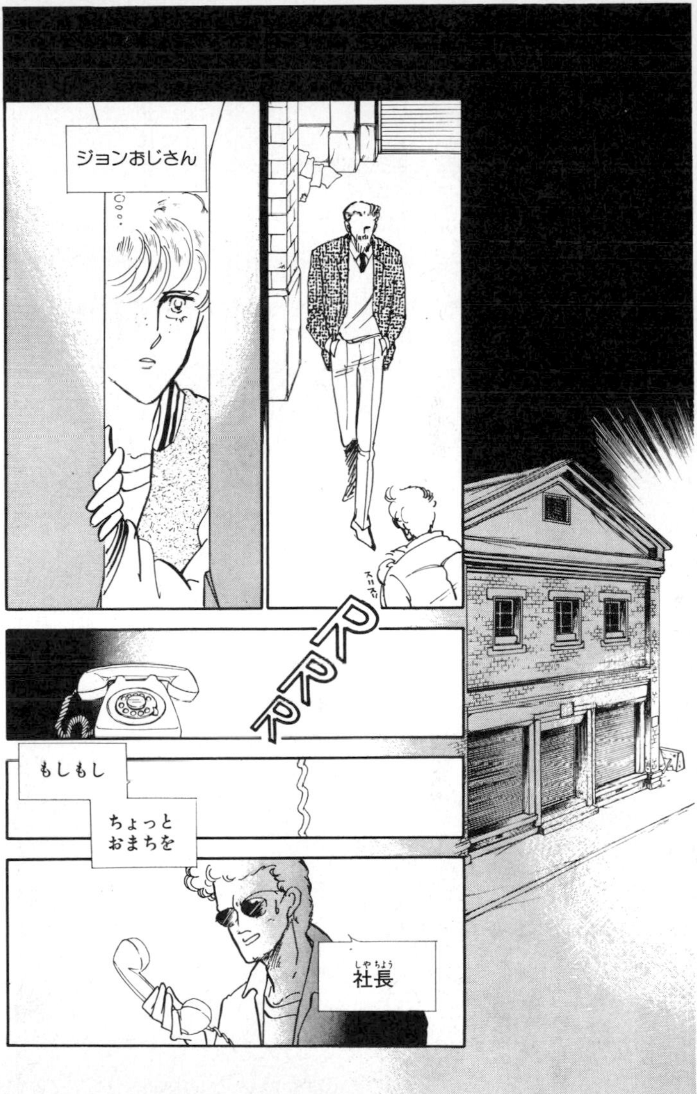

スリスリ
ジョンおじさん
RRR
もしもし
ちょっと
おまちを
社長《しゃちょう》

ばかもの
いなくなったで
すむか
アンソニーに
逃《に》げられたら
話にならんじゃ
ないか
いいか
いっしょにいた
オオクボとかいう
日本人《にっぽんじん》を
どんな目にあわせても
いいから居場所《いばしょ》を
はかせろ
みつけだしたら
アンソニーは
その場で
殺《や》ってしまえ
いいな
ガチャ
ユラ

わー
なんだ
こいつ
デレク

まて
ボフッ
↖グレイ氏

ゴホ!
ゴホ!
コホエホ…
ハヤテ!?
あっ
やつが
いないぞ

ばかもの
早く追《お》うんだ
TELEPHO
TELEPHO
ジーコロ
ジーコロ
はい
大久保《おおくぼ》で
ございます
…あ
もしもし

まあ
霧野《きりの》さん
はいはい
少《しょう》しょう
おまち
ください
大奥《おおおく》さま
――
へんね
たしか
お庭《にわ》に…
ザッ
静かにしろ

注 すでにとらえられていた男たち
伯
ガチャン!
ガチャン

GRAY-COM
WAREHOUSE
おじさん だしてよ ジョンおじさん
いい子だから すべて ことが すむまで おとなしく していなさい
社長《しゃちょう》の娘《むすめ》のコレだってさ

もうすぐ
君は
伯爵《はくしゃく》さまじゃ
ないか
よーくそこで
頭をひやして
考えてごらん
おじさんっっ
どうしよう…
マイ…
今ごろ
ひどい目に
あってるんじゃ…

みつけだしたら
アンソニーは
その場で
殺《や》ってしまえ
ビクッ
しーー
いつ…
いつのまに
あっ
早く
ずらかろーぜ

それにしても
ひどいよ
ハヤテ
先《さき》に逃《に》げる
なんて
おれは
これから
日本《にっぽん》に発《た》つが
おまえは
どうする
ぼくもいく
おまえの命《いのち》は
保証《ほしょう》済《ず》みだからな
グレイにとって
未来《みらい》の息子《むすこ》 それも
伯爵《はくしゃく》さま……
冗談《じょうだん》は
よせよ
よし
あ…
でも
パスポート
家にとりに
帰らなくちゃ
とってきて
やったよ
ゆーべ

VIENNA 09:30
COPENHAGEN 10:00
10:15 SA876
10:20 SA408
10:25 SA310
10:30 SA306
10:35 SA356
CATHAY PACIFIC CARGO
なにも
あなたたちまで
ついてこなくて
いいのに
㊟この子の父
あなた
ひとりじゃ
心配よ
あっっ
あ──っっ
おっとお
OTTŌ

どうして
またうちの
デレクが
どうした
そっ…それが
なに
逃《に》げたー!?
社長《しやちよう》
あのハヤテとかいう
小僧《こぞう》 日本人《につぽんじん》の
留学生《りゆうがくせい》で けさ
学校やめた
そうですぜ

ジョン
日本《にっぽん》だ
ふんご
ふんが
ふんぎ
↑㊟学校帰り
さあ
痛《いた》い目にあいたく
なかったら
さっさとアンソニーの
居場所《いばしょ》を
教《おし》えるんだ
よーし
このガキから
ふんがっっ
（まてっっ）

伯爵《はくしゃく》
イイノデス 皆《みな》サンノ 安全《あんぜん》ノタメナラ 仕方《しかた》アリマセン
つべこべいってないで早くいえ
アンソニーは今…
山の上!?

チーン…
ドキッ
やつめ
ふりむき
ざまに…
ドキッ

・・・
未熟者
未熟者ー！
ドキンドキン
ドキンドキッ
チラ？
チチ…
チウ…
チチ
ドキッ
ドキン
ドキン

てめーのおかげで
百万年
寿命《じゆみよう》が縮《ちぢ》んだ
じゃねーか

この未熟者《みじゆくもの》未熟者未熟者未熟者
未熟者《みじゆくもの》未熟者未熟者
いっ…
ゼェゼェ
いかに驚《おどろ》こーと それを体《たい》に 表《あら》わすやつが おるかっっ
ゼェゼェ
ハァハァ
すこしは感情《かんじよう》をおさえて しゃべってみろ 忍者《にんじや》のつらよごしめ
パタ
それを着《き》て しばらく ここで 暮《く》らすのじゃ

え——!?
ここでの生活に
しんぼうできたら
おまえの知りたがっていた
親類縁者《しんるいえんじゃ》のことを
教《おし》えてやろう

アオシシの術《じゅつ》？
アオシシたあ カモシカの ことでい
岩登《いわのぼ》りの うまい カモシカのように スイこらスイこら 岩場《いわば》を登《のぼ》り降《お》り することでい
ギャ〜〜 こっ こぇー よ〜〜っっ

スイこち
スイこち
おもわずっっ
パチパチ
パチ
すっすごい
パチ
アオシシの寒立《かんだ》ち
ズッ
ブラボ
パチ
すごい顔までカモシカに見えてきた
おもわずのりだし
パチパチ
パチ
ヵア
そん次《つぎ》はおまえの番だ
ぐい
ダダ
ノーノー
でーじょうぶだアオシシになりきってやりゃあ
ドーン

ガラガラ ガラ
わ──っっっ
注 アンソニー直人
ズル
たたたすけ……

ズ
おっ
うそ
チッ ったく世話《せわ》のやけるやろーだ
ぼっ ぼくは高所恐怖症《こうしょきょうふしょう》なんだっっっっ
ひどいじゃないか!

バーロー おめーが 高野豆腐《こうやどうふ》 しょー油味《ゆあじ》のわけ ねーだろっっ
人… か… からかい やがって
は… 腹へってると 思って…
ちっ ちがう 高所《こうしょ》 とーふ症《しょう》
あり？
とにかく 高い所が こわくてこわくて こわくてこわくて どわいっきらいっっ なんだっっっ
ケッ こんなのも できねーようなやつ よく忍者《にんじゃ》にしよー なんて思ったもんだぜ

ニンジャ？
カァ
つまり おれのような 大天才《だいてんさい》 人間の ことだ
じいちゃんも だいぶモーロク したらしく おまいに どういうわけか 忍者《にんじゃ》の修行《しゅぎょう》を させる気らしい
いつもより くいっぷり わりーぞ カバ丸
ふふ やつめ
神《かみ》がかり的《てき》 優秀忍者《ゆうしゅうにんじゃ》の このおれに
伊賀野のような 人間
おまいが あんまし そっくしなんで 気が ドーテンしたに ちげーねー
注 カバ丸
なんだか 自信《じしん》 ないな…

まあまあ 気をとりなおして 初歩《しょほ》の訓練《くんれん》からやりなおしでい 未熟者《みじゅくもの》
どしたんだ
あつあつまんまのにおいだ
おっ 今日の弁当《べんとう》は にぎりめしか

スッ
スッ
スッ
スッ
初歩《しょほ》の訓練《くんれん》って
あれのこと
なのか!?
うまく
できるかな…
そろり
あれ？
にぎ
にぎ

あーーっっ
カバ丸《まる》!!!
なにーカバ丸ー
ビシ
ダ
ドスドス
ガ
このやろ
いつ
舞《ま》い戻《もど》って
きやがった
へへ
未熟者《みじゅくもの》も
こういう時には
役に立つな

じいちゃん
この忍者《にんじゃ》のつらよごしめがっっっっ
↑㊟ すでにくいおわっている
未熟者《みじゅくもの》未熟者未熟者
ドスッ ドスッ
村の衆《しゅう》を呼《よ》んでこい
ガキッ ガキッ
このカバザルカバザルカバザル
君はいったいどんな印象《いんしょう》もたれて生活してたんだ

おそれいったろう
よし次《つぎ》はおめーの高野豆腐《こうやどうふ》をなおしてやろー
?
カラカラカラ
こあいよ——
こあいよ——

パッ
カラカラカラ
わあああ
びーーん
すれすれ
くすっ
どーでい
これを
100万回
くりかえしゃ
豆《とう》腐《ふ》病《びょう》も
なおんだろ
ふふ
ぐっ
ぜーはー

豆腐病《とうふびょう》なおしの術《じゅつ》その2でい
くすう
早く走る練習だ
?
ブヒブヒ
ギュ
よし その調子だ
(ぼーやー)

お次《つぎ》は
地面《じめん》に
足をつけないで
走る術《じゅつ》の
練習でい
君たちも
運動会などに
むけてキリキリ
練習しよー
くす
注 ガマガエル ヘビ ネズ公など…
（鉄ビシ・ゴキブリも可）
チッ
ろくでも
ねーこと
ばかし…

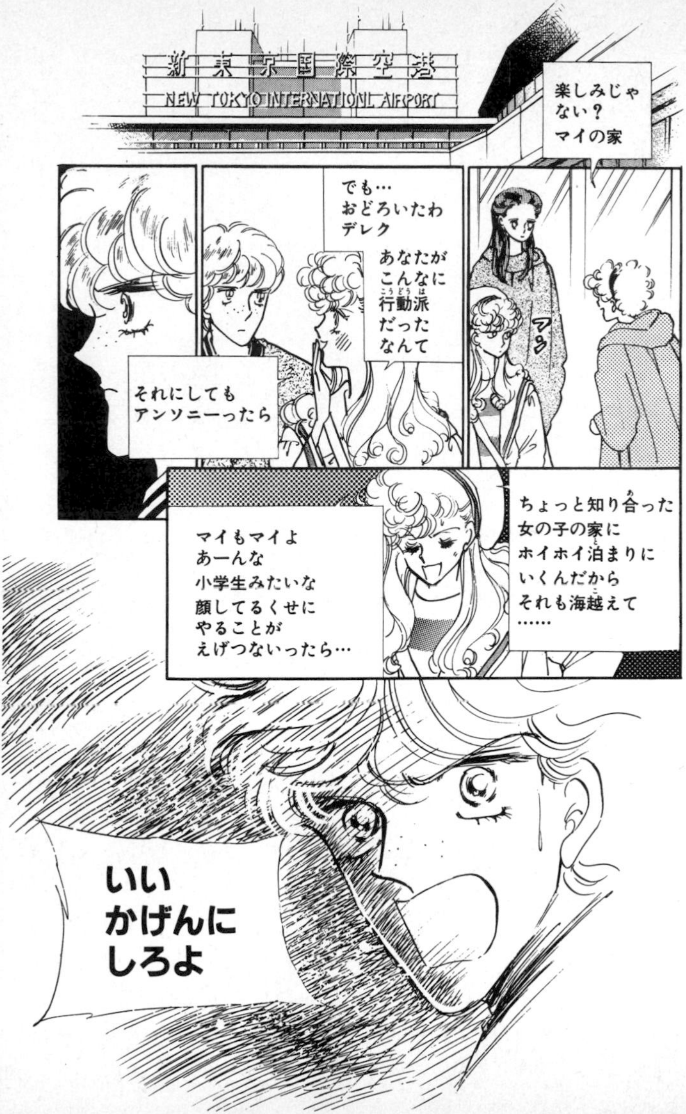
新東京国際空港
NEW TOKYO INTERNATIONL AIRPORT
楽しみじゃ ない？ マイの家
でも… おどろいたわ デレク
あなたが こんなに 行動派《こうどうは》 だった なんて
それにしても アンソニーったら
ちょっと知り合《あ》った 女の子の家に ホイホイ泊《と》まりに いくんだから それも海越《こ》えて ……
マイもマイよ あーんな 小学生みたいな 顔してるくせに やることが えげつないったら…
いい かげんに しろよ

アンソニーは
マイの家に
身《み》をかくして
いるんだ
あっ
ハヤテよ
注 レンタカー

……
なによ
デレクったら
自分だって
やきもち
やいてるくせに
ちょっとハヤテ
運転《うんてん》 乱暴《らんぼう》
すぎやしない？
急《いそ》いでんの

ピンポーン
ピンポーン
カチャ

まあ なんて すごい兄弟
どわい家族↓
疾風《はやて》君
なにがあったんだ
疾風《はやて》さん 大奥《おおおく》さまと 麻衣《まい》さまが

外人《がいじん》に
つれていかれた?
さわいだり
警察《けいさつ》に
いったり
したら
おふたりの命《いのち》は
保証《ほしょう》しないと
いって…
わたしたち麻衣《まい》が
学校に出てこないし
電話《でんわ》も通《つう》じないし…
それで心配になって
見にきたんです
通《つう》じない
はずだよ
ぷっつり
ア……
アンソニー
ガク
だんな
さまっっ

HOTEL
RRR
カチャ
Hello《ハロー》
あっ
こっ これは
グレイ社長《しやちよう》
ガバッ
本場
手焼
はい ようやく
アンソニーの居所《いどころ》を
つきとめて 今
その場所へ皆《みな》
向《む》かっています
え？
今 日本《につぽん》に
着《つ》いた？

はっ
わかりました
ただ今すぐ
おむかえに
あがります
ブロロ
道が
ないっっ
この先《さき》は
車の通《とお》れるような
道はありませんよ
歩くのか!?

まあまて
そっちのほうが好都合《こうつごう》だ 人けのないほうが殺《や》りやすい
フフフフ
ヌハハハ
あのカバ丸《まる》君のおうちにさえいけばカバ丸《まる》君がきつと助《たす》けてくれるわ
カア
才蔵《さいぞう》さまがついていてくださる

今…
麻衣《まい》の声が
ふ……
まさかな
カバ丸《まる》
どこいくんだ
やれやれ
こんなとこ
じいちゃんに
見られたら
百万回
たたきだぜ
カバ丸ってばっ
うき
うき
へへ
ちょっと
晩《ばん》メシの
おかずの
ご用意《ようい》でい
うき
うき
うき
うき
いいか 今日は
じいちゃんが
いねーからって
うきうきして
さぼんじゃ
ねーぞ
うき
うき
まてよ
ぼくも
いく
ハーフー
ハーフ

マダナノカ
バアサン
なにいってんですよ
まだ車おりてから
ちょいとしか歩って
ないでしょっつ
←㊟こだま
デ…
デカイ声
出スンジャネー
お
おばあ
さま
ゼハーゼーハー

バアサン ダマシテルンジャ ナイノカ
ヨタタ…
んまあ なんてことを そんな心の 余裕《よゆう》なんて ありゃしませんよ 人の気も 知らないでっ
おっ おばあ さま
くそババア こんど でけ一声 出しゃーがると ぶっぱなすぞ
おりゃあ 気がみじけー んだ
す… すみません ごめんなさい なにしろ なにもわからない 年よりなんです ゆるしてやってください
ちょっ…
おばあさま この場は しょうが ありませんわ
ひどいじゃないの わたしのこと 年より あつかいして
ちょっと 麻《ま》衣《い》
わけも わからない 年よりは ないでしょうっっ
…………

だまれ
ぶんぎゃああ
びっくーん
ビックーーッ
←注 いの公
ブゥー、ブゥー、
（びっくした、びっくした）
…………
なっ なんだっ
今のは……
ササササササ…

鼻血ブー
アッ……
アンソニー
直人《なおと》
カバ丸《まる》君
このやろー
人の晩《ばん》メシのおかず
にがしやがって
このやろー
このやろー
せっかくとびかかるチャンスをねらってたのによ クスン

大久保《おおくぼ》
麻衣《まい》
ばあちゃん
やっぱしきてたのかー
チャッ

あっっ

ヤろォ
よくだぁ〜
くすっ
パン パン
カバ丸《まる》君

麻《ま》衣《い》
でーじょーぶだったか
なんの音でい
おばあさまがいないっっ
こっちだ

カサ
なっ なんでい ありゃあ
注 アンソニー 直人
動くな アンソニー
動くと このばあさんの 命《いのち》はないぞ
おばあさま
のやろ…

あっ あれは…
よく デスモンドおじさんといっしょにいた…
おめーらか アンコロ…じゃねー おれの命《いのち》をずーっとねらってやがったのは
ものわかりがいいね
やっとこれですべてのアンソニー君が消《き》えてくれる
ふふ 晴《は》れて私の美しいクリスティーナは伯爵夫人《はくしゃくふじん》だ
しかし…
とんだ遠まわりをしてしまったよ
私の苦心《くしん》のあのハイウェイ事故《じこ》で君が生き残《のこ》ってくれたもんでね
おどろいたかい

悪く思わんでくれたまえ
アンソニー直人《なおと》くん
君さえいなくなれば
グラッドフォースも
あきらめがつくだろう
カチ

まて
ほんとのアンソニー直《なお》人《と》はおれだ
ガサ

ぬな
あのやろ
チッ ひっこんでろい にせものやろー
ば… ばかな…

ソウカ
ソウダッタノカ
ヤッパリ
アノ時ノ
アンソニーハ
別人《べつじん》ダッタノカ
あのやろう
まだ
生きて
やがったのか

オカシイト思ッタゼ
養子《ようし》トハイエ仮《かり》ニモグラッドフォース伯爵《はくしゃく》ノ子息《しそく》ガ……
なんでしばんだよっ
このくそったれ★うんこやろー
キャッ
お湯
アノ態度《たいど》……
お湯あ くりよ
異様《いよう》ナマデノ食《く》イ意地《いじ》…
オマケニ車モロトモ断崖《だんがい》カラ投《な》ゲ落トサレテ
アノ深《ふか》イ海ノ底《そこ》カラハイ上ガッテクルトハ…

こつ こいつら だつたのかつつ
CUP
うどん
やきそば
……の
やろー

ぐいぐいぐい
あん時は よくもよくも このおれを
ラーメンや やきそばたちが どんな目に あったか わかって やがんのかっっ
フフ アンソニーは おまえだ
カチ
注 カバたち

ズザーンッッ
ドサ
アンコロモチ
ムッ
だれだ
じーん

疾風《はやて》
チッ おまえが ついてながら なんだ そのざまは
うるせー 今ごろ てめーの ほうこそ のこのこ でてきやがって
なんだとー
おめーの分まで おりゃあ 恐怖《きょうふ》のじいちゃんに くる日もくる日も しごかれまくって たんだぞーっっ
…の やろー

うるせー
やろーめ
もとはと
いえば
てめーらの
せいでいっっ
こなくそ
こなくそ
静かにしろ
このばあさんが
いることを
忘《わす》れるんじゃ
ない
おばあ
さま

ジョン おじさん
デレク!!
どっ どうして ここに
まあ デレクやハヤテの いうとおり あれはグレイ社《しゃ》の ジョン・グレイだわ

ざわ
駐在さん
こっち こっち
院長先生
アンソニー
麻衣ー
パパの
商売がたきの
ジョン・グレイ
あいつか
伯爵《はくしゃく》家
のっとろーと
してんの
なんてやろーだ
すみれさま
ざわ ざわ
く……
くそ——

バギュ
わあぁ
やろ——
まあ
まちな
ジタ
バタ

デレク…
や…やめろ
やめてくれ
デレクにあたるじゃないか

パパが…
創立祭《そうりつさい》のダンスパーティーは26日だったね
この間もいったじゃないか
運《はこ》びだすのは人間かもしれないぜ
ほんとうにしらないのか
そうだったのか…
ちっ ちがうんだ デレク…
あーっっ のっとり魔《ま》が逃《に》げるぞ

ダッ
そーは
イカの
すぐわた焼《や》き
でいっっ
チャッ
わーっっ

ザ ザ ザ
へり
にげらんねーよーにしてやる
院長《いんちょう》先生
おばあさま

へへ
ん？
まっ
まってくれ デレク
わしはおまえの
幸《しあわ》せを思って…
いつも
いつも
ぼくのため
家族のため

ぼくは
人を傷《きず》つけてまで
幸《しあわ》せになんか
なりたくないよ
そんなもの
幸《しあわ》せなんて
いえるわけ
ないだろ！
おじさん
すみません
アンソニー
ごめん
…でも……
父をゆるして
やってくれないか
あんな人間でも
ぼくのたったひとりの
父親なんだ
かわりに
ぼくが
罪《つみ》をつぐなうよ

ガッ
デレク

デレク
ス

ドサッ
うそ…
才蔵さま
チッ
くそじじい
めだとーと
思いやがって
よし
ひき
上げろ

オーエス
それ がんばれ
ピク
なんか 1年前を 思い出すな
あぶないぞ アンソニー
デレク

デレク
おい とーふ症《しょう》なおったじゃねーか
あっ
くる
なんてことしやがんだ てめー こっから落《お》ちて まちがって死《し》んじまったらどーする気でい
まちがわなくても助からないよーな…
いいか 死《し》んだら やきそばはもとより カップラーメンや けつねうどんや たぬ公《こう》うどんや
どいつもこいつも食《く》えなくなっちまうたあ考えなかったのか
かぼちゃやろー

悪いのは
おめーじゃなくて
父ちゃんじゃ
ねーか
ピク
ゆっ
ゆるして
くれ〜っっ
番悪いのは
てめーらだ
このやろ
このやろ
やきそばかえせ
カップラーメンかえせ
キャン
キャン
注 たたかれてる
グレイたち
おいよせ
カバ丸《まる》
なんか
飛《と》んで
くんぞ

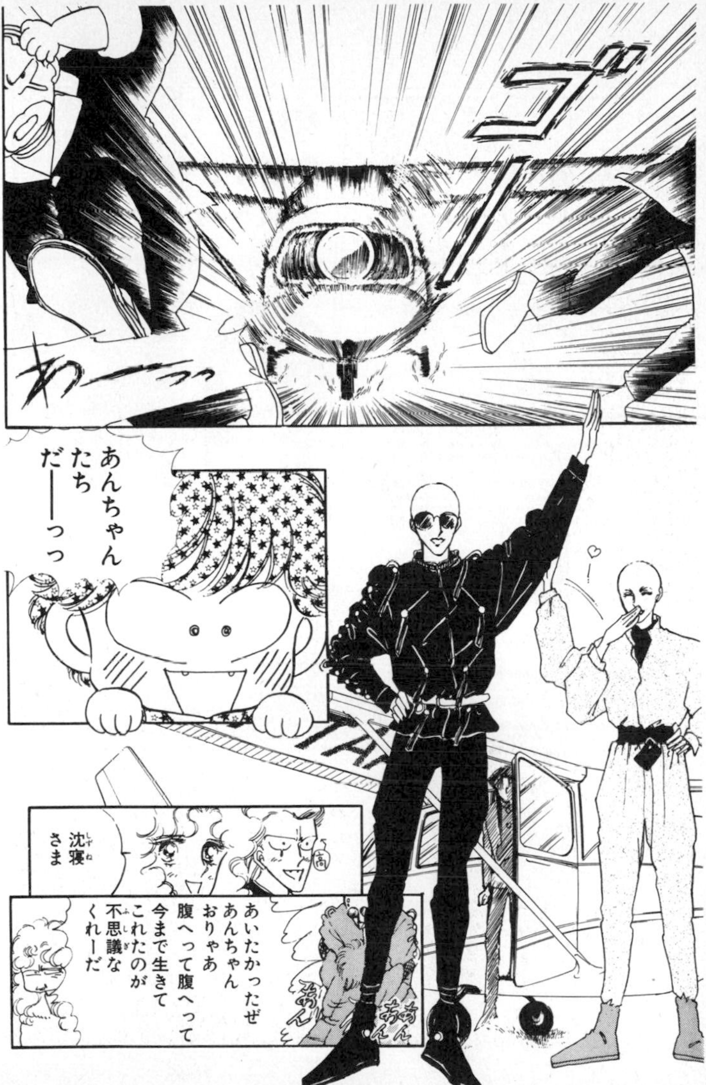
ゴー
わーっっ
あんちゃん
たち
だーーっっ
沈寝《しずね》
さま
あいたかったぜ
あんちゃん
おりゃあ
腹へって腹へって
今まで生きて
これたのが
不思議《ふしぎ》な
くれーだ
あんあん
あん

わたしたちも会《あ》いたかったよ カバ丸《まる》君 あとでとびっきりのトロピカル料理《りょうり》を作ってあげよう
ひえーっっ とびっきりのとろろいも料理《りょうり》っっ
聞いてくれないかね カバ丸《まる》君 わたしもまた新種《しんしゅ》の人形《にんぎょう》を手に入れたのだよ
にいさん方《がた》 今はそんな話してる場合《ばあい》じゃないでしょう
キャホー
ああ そう だったね
チッ こいつもいやがったのか
KABATARI
ドヤドヤ
ロンドン警視庁《けいしちょう》の者だ
さあさあ みなさんも事情《じじょう》をうかがいたいのでふもとまでおりてもらいましょう

ジョン・グレイ
とくに6年前の
ハイウェイ事故《じこ》に
ついて話を
聞きたいものだな
おりよーぜ
おりよーぜ
セスナで
おりよーぜ
おまえは
おりんでも
いい
おまえの
知りたがっていた
親類縁者《しんるいえんじゃ》のことを
教《おし》えてやろう
ポ。。
じいちゃん
才蔵《さいぞう》さま
ぼくも
のこります

ふもとへは おれが 案内《あんない》しよう
じゃな カバ丸《まる》
アンソニー
だいじょうぶ ですわ 伯爵《はくしゃく》
よろしく お願《ねが》いします 才蔵《さいぞう》さま
ウム
ほら ごらんなさい

やっぱりアンソニーはふたりいたじゃない
こんな大事件《だいじけん》がからんでたとは知らなかったけど…
アンソニーか…
病院《びょういん》に花をもっていったのはデレクだぜ

直人《なおと》
どうじゃ
山の生活は
はい
そうか
よくがんばったの
ケッ
外づらがいいんだからよ
このくそじじいはっつ
おかげで
こーやどーふ…じゃない
高所恐怖症《こうしょきょうふしょう》も
なおりました
ギヌロ
サッ
おじいさん
ぼくの
親類《しんるい》のこと
知っていたら
教《おし》えてください
おまえの
横にいる
ふてくされ
たのが
そーじゃ
えっ

にいさん
弟《おとうと》
はやまるなっっ
ゴンゴン
直人《なおと》おまえの祖父《そふ》はこのわしと
双子《ふたご》の兄弟だったのだ
なぬ くそじじが この世に ふたりも

幼《おさな》くして
わしの弟《おとうと》 半蔵《はんぞう》は
伊賀《いが》忍法《にんぽう》の流《なが》れをくむ
伊影《いかげ》家の養子《ようし》と
なったのじゃが
ある忍《しのび》の仕事《しごと》で
25才 半蔵
子づれの
ほうが
あやしま
れぬ
直之進 2才
…がそれ以来《いらい》
ゆくえ知らず
そしてやっと
捜《さが》しあてた時は
すでに半蔵《はんぞう》は
この世《よ》になく
半蔵《はんぞう》の子
おまえの父の直之進《なおのしん》は
その町の裕福《ゆうふく》な
老夫婦《ろうふうふ》と幸《しあわ》せに
暮《く》らしておった
直之進《なおのしん》…
直之進《なおのしん》!
直之進《なおのしん》!!
ガ
タン
キャッキャッ
まぜて
おくれ
あーいいきもち
いいきもちの
ずてん
とわ〜ん
それは
非情《ひじょう》な
忍《しのび》の掟《おきて》を
もってしても
あの幸《しあわ》せは
こわせない
そして今
直人《なおと》 おまえと
思わぬ再会《さいかい》をしたと
いうわけだ

どうだ これで気が すんだか
なるへそ そーいう わけだったのか
はい
今着《き》ている それは おまえの 祖父《そふ》 半蔵《はんぞう》の 着《き》ていた 忍《しの》び装束《しょうぞく》だ かたみとして イギリスへもち 帰るがよい
よいか おまえの体には ほこり高き 伊賀者《いがもの》の血が 流《なが》れておるのだ
それを 忘《わす》れずに りっぱに生きて いくがよいぞ
はいっっ

あれから
もう
2週間かあ
でも
おどろいたわあ
アンソニー直人《なおと》君と
カバ丸《まる》君が
親戚《しんせき》だった
なんて
やっぱ
他人《たにん》の空似《そらに》じゃ
なかったんだなー
おじいさんたちが
兄弟って
ことはー
いとこじゃなくて
はとこかなー
ハト子《こ》？
ゲラゲラゲラ
おじょうさま
イギリスから
手紙ですよ
モニカから
だわ
Hi《ハーイ》 麻衣《まい》
アンソニーに
日本語《にはんご》
ならいながら
書いてます
学校は
麻衣《まい》たちが
いなくなって みな
さびしがっています
おりゃあ
どっちかっつーと
きな粉《こ》のが
いいな

とくにギルなどは ハヤテにあいにいくと いって アルバイトに 一生けん命《めい》です
一問につき 20ペンス
あっ買い物 一回50ペンスでどお
まってろよ ハヤテ。
一回転するだけで みんなをびっくり させられると 思ったのに…
あの時の
さあ見せてくれ 百回転
アンソニーは カバ丸《まる》のおかげで すごいスポーツマンだと 思われてこまっています
姉《あね》のエリナは 日本《にほん》のナイスガイ たちのおかげで 男性恐怖症《だんせいきょうふしょう》が なおってきました
KUMIKO
妹《いもうと》のローザは アンソニー直人《なおと》に 日本人《にほんじん》の恋人《こいびと》が いると知って 大あわて
わたしはというと アンソニーの婚約者《こんやくしゃ》コーホ だったはずが なんと デレクと婚約《こんやく》したのです
まあ
へー
それから？
カバ丸《まる》と アンソニーと まちがえて 麻衣《まい》に いじわるした こと ごめんなさい
早く…
ああ 例のミサでの ドレス事件ね
あら 小学生って いわれたこと じゃない

伊賀野カバ丸
怒濤のイギリス留学編　完

●連載あとがき②／亜月 裕

♡映画見るの大好き♡

仕事が忙しい時はなかなかむずかしいのですが、映画はやっぱり映画館に行って大きな画面で見るのが好きです。
もちろんお気に入りの映画のビデオを部屋でくつろいで見るのもいいんですけど、画面や音の迫力とか一緒に見ている人たちの反応などが「ああ映画見てるなーっ」て、臨場感あふれて嬉しくなってしまいます。
先日もこんなことがありました。

最近 タイタニックの特集やメイキングなどを見ていたので、最初よりもはるかにのめり込んで見ていたのですがあと上映一時間足らずという所で画面が

「ただ今原因究明中」の
アナウンスが一回こっきりの中
みんなあきれて笑い出したり、
トイレ行き出したり…

そしてよーやく映画再開

こらえながら泣くのも、
映画館ならではです。
ちなみに今まででで死ぬほど
泣いた映画は百恵ちゃんの「絶唱」「ハチ公物語」
一番多くリピーターしたのは「ホワイト・ナイツ」
17回通って最終日、映画館の人にたのんで
貼ってあったポスターをもらって帰りましたとさ…。
…こわぁ…

集英社文庫（コミック版）

伊《い》賀《が》野《の》カバ丸《まる》 外伝《がいでん》　2

1998年10月21日　第1刷

定価はカバーに表
示してあります。

著　者　亜《あ》　月《づき》　　裕《ゆう》

発行者　後　藤　広　喜

発行所　株式会社　集　英　社
東京都千代田区一ツ橋２－５－10
〒101-8050
(3230) 6326（編集）
電話　東京　(3230) 6393（販売）
(3230) 6080（制作）

印　刷　大日本印刷株式会社

落丁・乱丁の本が万一ございましたら、小社制作部宛にお送りください。送料小社負担でお取り替えいたします。

ISBN4-08-617396-4 C0179